Klasse 4

Ulrike Stolz & Lynn-Sven Kohl

Der Leseprofi

4

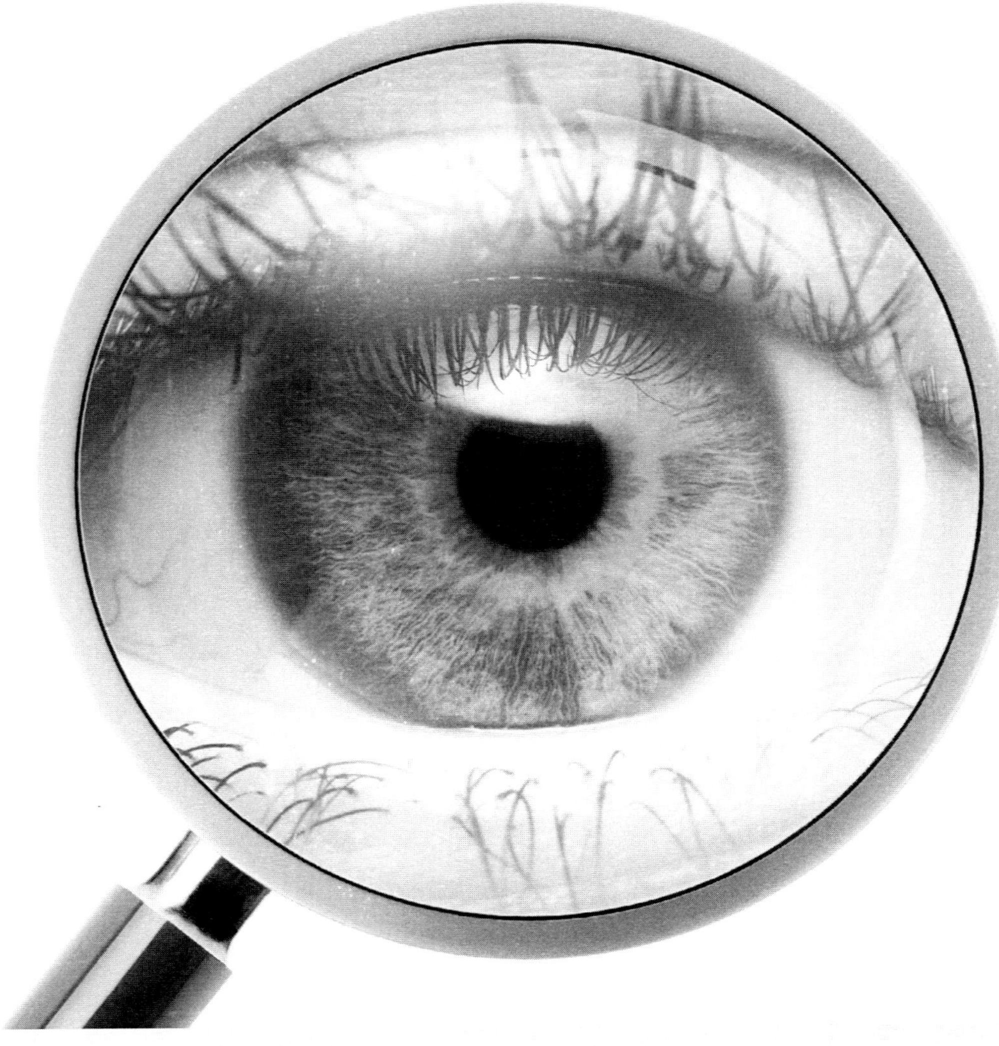

G M 3 E

Intensives Training des sinnerfassenden Lesens

Lernen mit Erfolg
KOHL VERLAG

Der Leseprofi / Klasse 4

Intensives Training des sinnerfassenden Lesens

7. Auflage 2026

Inhalt: Ulrike Stolz, Lynn-Sven Kohl
Coverbilder: © by-studio & volondoff - AdobeStock.com
Redaktion: Kohl-Verlag
Grafik & Satz: Kohl-Verlag
Druck: farbo prepress GmbH, Köln

Bestell-Nr. 16 764

ISBN: 978-3-98841-104-4

Bildquellen:

(alle Adobestock.com, wenn nicht anderes angegeben)

Auf allen Seiten: © rosifan19; **Seite 2:** © Africa Studio; **Seite 7:** © Drepicter; **Seite 8:** © rea_molko; **Seite 9:** © Syntetic Dreams; **Seite 10:** © Masamy Sign; **Seite 11:** © contrastwerkstatt; **Seite 12:** © Marina; **Seite 13:** © Herb; **Seite 14:** © ThomBal; **Seite 15:** © lemoe; **Seite 16:** © clipart.com; **Seite 17:** © Claudia Evans; **Seite 18:** © Christine Wulf; **Seite 19:** © Josephine; **Seite 20:** © 3drenderings; **Seite 21:** © doris oberfrank-list; **Seite 22:** © yganko; **Seite 23:** © primoplano; **Seite 24:** © baobabay; **Seite 25:** © VectorBum; **Seite 26:** © ufotopixl10; **Seite 27:** © matimix; **Seite 28:** © master1305; **Seite 29:** © susanne2688; **Seite 30:** © Karrrtinki; **Seite 31:** © McCarthys_PhotoWorks; **Seite 32:** © Kathleen Rekowski; **Seite 33:** © Henner Damke; **Seite 34:** © Eric Isselée; **Seite 35:** © moodboard; **Seite 36:** © Modella; **Seite 37:** © Iakov Kalinin; **Seite 38:** © GHart; **Seite 39:** © clipart.com; **Seite 40:** © Christine Wulf; **Seite 41:** © alluranet; **Seite 42:** © rosinka; **Seite 43:** © eyetronic; **Seite 44:** © Erick; **Seite 45:** © Christian; **Seite 46:** © Slawomir Fajer; **Seite 48:** © gearstd; **Seite 50:** © Daniel Nimmervoll; **Seite 52:** © Melanie; **Seite 53:** © Ars Ulrikusch; **Seite 54:** © dirkkoebemik; **Seite 55:** © siculodoc; **Seite 56:** © Mirek Hejnicki; **Seite 57:** © hedgehog94; **Seite 58:** © Karoline Thalhofer; **Seite 59:** © Rico Löb; **Seite 60:** © alisseja

Kontakt: Kohl-Verlag, An der Brennerei 37-45, 50170 Kerpen
Tel: +49 2275 331610, Mail: info@kohlverlag.de

Inhalt

KOHL VERLAG Der Leseprofi / Klasse 4 Intensives Training des sinnerfassenden Lesens – Bestell-Nr. 16 764

Vorwort

Profi! Wie wird man das?

Das ist eine berechtigte Frage. Und dann auch noch Leseprofi?
Gerade in diesem grundlegenden Bereich ziehen sich die Schwierigkeiten unserer Schülerinnen und Schüler durch alle Altersstufen und alle Schularten.
Um diese Schwierigkeiten zu beheben, wurde der Leseprofi entwickelt. Es wird neben der Lesetechnik und Lesefertigkeit auch das Textverständnis trainiert. Ein fragendes Denken soll mit Hilfe dieser Arbeitsblätter gefördert werden.

Aber was ist überhaupt Lesen? Worauf kommt es denn nun wirklich an?
Lesen ist Sinnentnahme aus allen möglichen Texten. Das reicht von der täglichen Fernsehprogrammbeschreibung bis zum wissenschaftlichen Text. Dabei gibt es diesen entscheidenden Lerneffekt: Wichtiges von Unwichtigem zu unterscheiden! Das geht nur durch Lesen und gleichzeitiges Verstehen!

Der Aufbau der Arbeitsblätter zielt vor allem auf das Verstehen des Gelesenen ab. Dabei geht das natürlich nicht immer, ohne auch zu schreiben. Denn nur, wer etwas Gelesenes auch „aufschreiben" kann, der hat den Sinn des Gelesenen auch verstanden.

Da wir aber die unterschiedlichsten Voraussetzungen unserer Schülerinnen und Schüler kennen, wird auch auf das Erlesen von Silben Wert gelegt. Denn Silben sind die kleinsten logischen Einheiten beim Lesen.

Die 27 Einheiten im Heft sind nach Schwierigkeit sortiert - von einfach bis schwierig. Auf den Arbeitsblättern wird aber aus Gründen der Benachteiligung bewusst darauf verzichtet. Kein Schüler muss wissen, dass der Lehrer/die Lehrerin ihm/ihr „nur" einen leichten Text gibt. So kann man die Schülerin/den Schüler schneller positiv bestärken, mit dem konkreten Hinweis auf sein konzentriertes Arbeiten. So fördert man Motivation und Konzentration.

Frei nach dem Motto „Wer nicht fragt, bleibt dumm!" gibt es natürlich in jedem Text auch einmal Wörter zu erklären. Meistens ist dies im Text nur auf ein bis zwei unbekannte Wörter beschränkt, sodass die Schülerin/der Schüler sich mit diesen Begriffen und ihren Bedeutungen auseinandersetzen kann. Möchte man den Lese-Wortschatz erweitern, müssen neue unbekannte Wörter/Begriffe eingebaut werden. Diese werden aus dem Kontext heraus oder durch zusätzliche Erklärungen mit Inhalt gefüllt. Dies kann die Schüler auch zum Nachschlagen von Begriffen in Lexika führen.

Zusätzliches Material zum Leseprofi bietet das passende Arbeitsheft zu jeder Ausgabe. Hier wird Lesen und Verstehen mit Aufgabentypen verschiedenster Art gefördert. Alle diese Materialien können unabhängig voneinander eingesetzt werden.

Der Leseprofi macht jeden Schüler zum Profi, weil das wichtigste Ziel beim Lesen verfolgt wird: Unwichtiges von Wichtigem lesend zu trennen!

An dieser Stelle möchten wir uns für die Unterstützung bei Sylvia Hielscher, Wolfgang Wertenbroch und Erich van Heiss ganz herzlich bedanken.

Ihnen und Ihren Schülern wünschen wir viel Erfolg und Freude mit den vorliegenden Kopiervorlagen.

Ihr Kohl-Verlagsteam,

Lynn-Sven Kohl & Ulrike Stolz

Methoden

So wird mit dem Leseprofi gearbeitet!

So kann der Schüler/die Schülerin mit dem Leseprofi arbeiten:

1. Arbeitsblatt

- Der Text wird gelesen. Eventuell wird der Text auch ein zweites Mal gelesen.
- Der Text kann, um ein nochmaliges Nachlesen zu verhindern, nach hinten weggeklappt werden.
- Im 1. Lernschritt werden die Aussagen zum Text gelesen. Mit einem lachenden Gesicht werden die richtigen Aussagen gekennzeichnet. Dies kann je nach Alter der Schüler auch mit Selbstkontrolle über das Lösungsblatt kontrolliert werden. Das Lösungsblatt könnte z.B. beim Lehrer ausgelegt sein.

2. Arbeitsblatt

- Der zweite Lernschritt ist additiv. Er kann nach Belieben hinzugenommen oder weggelassen werden.
- Die Fragen werden gelesen und schriftlich beantwortet. Dafür kann der Text auch noch einmal vollständig gelesen werden.
- Schwächere oder jüngere Schüler können mit der „Unterstreichmethode" arbeiten. So muss nur gelesen und nichts geschrieben werden. Es eignen sich Textmarker zum Markieren einzelner Textstellen.

Zusätzliche Ideen und Überlegungen für den Lehrer:

- Da die Texte nach Schwierigkeitsgraden im Heft sortiert sind, auf dem Blatt aber nicht als leicht oder schwierig gekennzeichnet wurden, hat der Lehrer die Möglichkeit, jeden Schüler positiv zu bestärken.
  Dabei sollte ganz konkret gesagt werden, was ein Schüler toll gemacht hat (z.B. hat er sich prima konzentriert). Allgemeines Lob wird auch nur allgemein wahrgenommen. Deshalb sollte man immer das gewünschte Verhalten konkret benennen und loben.
- Schwache Schüler profitieren von der „Unterstreichmethode". Mit verschiedenen Textmarkern macht das richtig Spaß und diese Schüler haben die gleichen Ergebnisse wie ihre schreibenden Mitschüler.
- Überschriften machen neugierig. Sie stimmen auf mögliche Inhalte des Textes ein. In einem einstimmenden Gesprächskreis können Vermutungen geäußert werden, die motivieren (z.B.: Woran denkst du bei dieser Überschrift? Was könnte im Text vorkommen? Wovon könnte er handeln? usw.) Schüler haben dann eine Erwartungshaltung und sind gespannt darauf, was der Text nun wirklich zu bieten hat.
- Der Lese-Wortschatz wird durch nicht so geläufige Begriffe erweitert. Aus dem Kontext heraus werden sie mit Inhalt gefüllt.
- Der Zusatzkasten mit Sprech- und Schreibanlässen gibt Stoff für weitere Stunden und angeregte Diskussionen und setzt sich mit den beschriebenen Sach- und Sozialthemen auseinander. Sachtexte regen zum Weiterlesen in Lexika oder entsprechenden Natur- und Sachkundebüchern an.
- Die Texte können aus Vorlage benutzt werden, um zu lernen, Unwichtiges zu streichen und das Wichtige in Stichwörtern zusammenzufassen. Eine Folge wird sein, dass auch eigene Texte mit Wichtigem/den Kernaussagen gefüllt sein werden.
  Der Leseprofi fördert das Textverständnis auch für völlig unbekannte Texte, da methodisch vorgegangen wird. Der Schüler merkt sich nur das Wesentliche!

Unsere Niveaustufen / Symbole zur Dreifachdifferenzierung		
▲ Grundniveau	◆ Mittleres Niveau	★ Erweitertes Niveau

Der Leseprofi / Klasse 4 – Bestell-Nr. 16 764
Intensives Training des sinnerfassenden Lesens
KOHL VERLAG

Leitfaden für die Lehrkraft

Die 27 Einheiten dieses Bandes sind als Einzelarbeit angelegt, und sie funktionieren so auch ohne jede Ergänzung. Zwei Eigenheiten laden allerdings zum gemeinsamen Arbeiten ein. Zum einen erzählen die ersten fünf Blätter eine zusammenhängende Geschichte: Katrin, Inna, Corinna und Vanessa begegnen einander vom Campingurlaub bis zur Lesenacht immer wieder. Zum anderen steht neben den Erzähltexten eine große Zahl von Sachtexten – vom Tiger über das Meer bis zur Jugendfeuerwehr –, die weit über das Blatt hinausführen. Die folgenden Vorschläge kommen ohne Zusatzmaterial aus und ersetzen die Einzelarbeit nicht.

1. Gruppenarbeit und kooperative Lernformen

Der kürzeste Text des Bandes, „Markttag in den Tropen“ (Nr. 9, Seite 23, 106 Wörter), eignet sich für den **Botengang**: Das Blatt bleibt vorn liegen, ein Kind geht hin, liest, kehrt zurück und gibt aus dem Gedächtnis weiter, was es behalten hat, während die Partnerin die zehn Aussagen bearbeitet. Nach der Hälfte wird getauscht. Umgekehrt arbeitet das **Ohrenlesen** beim längsten Text, „Jolle stiehlt den Braten“ (Nr. 20, Seite 45, 219 Wörter): Ein Kind liest laut vor, das andere hat bereits geknickt und hört nur zu. Wer allein über das Ohr aufnimmt, merkt schnell, wie viel beim stillen Lesen die Augen nachholen. Vor dem Zurückklappen lohnt die **Trefferwette** – etwa bei „Inuit“ (Nr. 15, Seite 35): Jedes Kind notiert vorab, wie viele seiner Kreuze es für richtig hält. Die Schätzung ist oft aufschlussreicher als das Ergebnis. Für den 2. Lernschritt bietet sich die **Achtel-Runde** an, gut zu erproben an „Die Jugendfeuerwehr“ (Nr. 27, Seite 60): Vier Kinder übernehmen je zwei der acht Fragen und lesen ihre Antworten anschließend in der Reihenfolge a) bis h) vor – der Text entsteht dabei noch einmal als Ganzes.

2. Bedeutungsvolle Zusammenarbeit & gemeinsame Ziele

„Die Klasse 4a“ (Nr. 3, Seite 11) liefert die Lösung gleich mit: Der **Kummerkasten-Klassenrat** aus der Geschichte lässt sich in der eigenen Klasse tatsächlich einrichten, und die Zusatzaufgabe auf Seite 12 führt unmittelbar dorthin. Die Zusatzaufgabe zu „Hilfe, es brennt!“ (Seite 44) verlangt ein Rollenspiel zum Notruf; als **Notruf-Werkstatt** bekommt eine dritte Gruppe die Aufgabe, mitzuhören und abzuhaken, ob Name, Adresse und Hergang wirklich genannt wurden. Aus dem Supermarkt-Auftrag auf Seite 24 wird gemeinsam eine **Herkunftskarte**: eine Weltkarte, auf der jede gefundene Frucht ihren Punkt erhält – die Sonneninseln von Seite 21 liegen dann sichtbar daneben. Und weil „Tiger“ (Seite 34) und „Das Tierheim“ (Seite 58) nur bis g) reichen, können Gruppen im **Fragen-Anbau** die fehlende Frage h) für die Nachbargruppe schreiben und deren Antwort prüfen.

3. Reflexion & Weiterentwicklung

Die ★-Zusatzaufgaben sind der einzige offene Teil des Bandes – und das Erste, was bei Zeitdruck entfällt. Eine **Sternaufgaben-Strichliste** über vier Wochen zeigt schonungslos, wie oft Sie dort tatsächlich angekommen sind; auf den Seiten 56, 58 und 60 fehlt der Kasten ohnehin. Führen Sie daneben eine **Textsorten-Bilanz**: Bekommen dieselben Kinder immer die Erzähltexte und nie die Sachtexte? Und prüfen Sie mit einer **Marker-Probe**, ob die auf Seite 5 empfohlene Unterstreichmethode in Ihrer Klasse wirklich allen offensteht oder stillschweigend als Weg der Schwächeren gilt.

Praxis-Tipp: *Geben Sie die Blätter 1 bis 5 nicht verstreut aus, sondern in Reihenfolge und mit Abstand – wie eine Fortsetzungsgeschichte. Sobald die Kinder merken, dass Inna wiederkommt, fragen sie nach dem nächsten Blatt, statt es zu bekommen. Das ist der kürzeste Weg zu freiwilligem Lesen.*

1 In Dänemark

Dänemark ist Katrins Lieblingsurlaubsland. Dort gibt es schöne Strände, das Meer, Soft-Eis und Mini-Golf. Mit ihrer Familie ist sie oft zum Campingurlaub auf Fyn, einer großen Insel, gewesen. Einmal haben sie auch Katrins Freundin Lena mitgenommen. Sie fand zelten wie Katrin super und beide haben in einem Zelt in ihren Schlafsäcken übernachtet. Bei einem Urlaub dieser Art gibt es viel zu tun: Wasser holen, kochen, Gemüse schnippeln, abwaschen und Zelt aufräumen. Lena hat es immer geschafft, dann zur Toilette zu gehen, wenn Katrin abwaschen musste. Wenn Katrin schon beim Abtrocknen war, kam Lena aus der Toilettentür. Klar war Katrin sauer. Aber weil sie ihre Freundin ist, wollte Katrin nichts dagegen sagen. Katrins Vater merkte aber, dass etwas nicht stimmte und fragte: „Lena, kennst du eigentlich das Wort ‚Hilfsbereitschaft'?" „Klar", antwortete Lena, „meine Schwester ist total hilfsbereit. Sie räumt immer mein Zimmer auf." Katrins Vater war baff.

148 Wörter

▲1. Lernschritt

➔ *Lies die folgenden Sätze aufmerksam durch.*
➔ *Ist die Aussage inhaltlich richtig? Dann kreuze die Aussage an.*

(!) *Achtung: Du darfst jetzt nicht mehr im Text nachlesen!*

Knicke das Blatt entlang dieser Linie nach hinten.

Nr.	Aussage	Richtig X
1	Dänemark ist Annas Lieblingsurlaubsland.	
2	Es gibt dort steinige Strände, Seen und Eis am Stiel.	
3	Katrin ist mit ihrer Familie zum Campingurlaub auf Fyn.	
4	Sie hat ihre Freundin Lena mitgenommen.	
5	Sie fanden beide zelten blöd.	
6	Bei einem Zelturlaub gibt es nicht viel zu tun.	
7	Das Abwaschen und Zelt aufräumen übernimmt ein Diener.	
8	Lena ging immer dann zur Toilette, wenn Katrin abwaschen musste.	
9	Katrin war sauer, weil Lena nicht beim Abwasch half.	
10	Lenas Schwester ist sehr hilfsbereit.	

Der Leseprofi / Klasse 4 Intensives Training des sinnerfassenden Lesens – Bestell-Nr. 16 764
KOHL VERLAG

1 In Dänemark

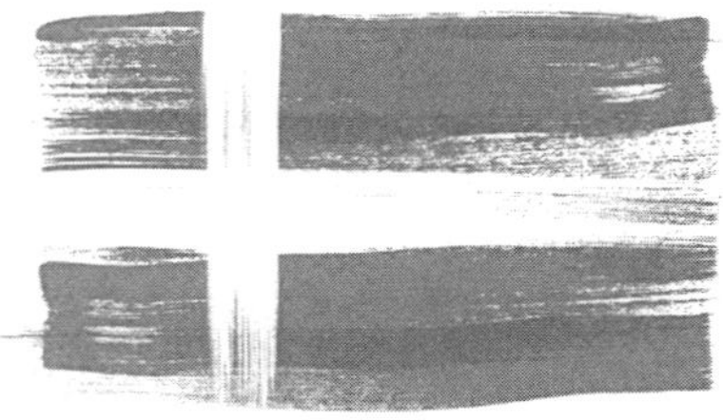

◆2. Lernschritt

➔ *Beantworte die folgenden Fragen zum Lesetext sinngemäß.*

➔ *Schreibe in vollständigen Sätzen.*

a) Was gefällt Katrin an Dänemark? ______________________________

____

b) Wo macht die Familie Campingurlaub? ______________________________

____

c) Wen nimmt Katrin mit zum Zelten? ______________________________

____

d) Wie übernachten sie? ______________________________

____

e) Welche Arbeiten gibt es beim Campen? ______________________________

____

____

f) Was tat Lena, wenn die Mädchen abwaschen sollten? ______________________________

____

g) Wie reagierte Katrin? ______________________________

h) Kennt Lena das Wort „Hilfsbereitschaft"?

____

★Zusatzaufgaben

- Erzählt euch von Urlauben mit Freunden.
- Teile die Arbeiten, die anfallen, auf beide Mädchen auf. Schreibe hierzu einen Wochenplan.

2 Innas Welt

Innas Eltern verstehen noch wenig Deutsch und bemühen sich, die neue Sprache zu lernen. Die Mutter arbeitet als Putzfrau, der Vater hat leider noch keine Arbeit gefunden, er ist arbeitslos. So hat die Familie wenig Geld und lebt nur in einer kleinen Wohnung. Inna teilt sich ihr Zimmer mit ihren beiden kleinen Schwestern. Über ihre neuen Schulfreundinnen freut sich Inna sehr. Sie kann sich recht gut mit ihnen verständigen, denn sie reden ständig miteinander, wenn sie sich treffen. Sie traut sich nur nicht, die beiden mit zu sich nach Hause zu nehmen, weil sie so ärmlich leben.

Corinna und Vanessa ist das auch schon aufgefallen. Da hat ihnen Frau Hansen einen Tipp gegeben: „Wenn sich Inna für ihre Wohnung schämt, dann spielt doch draußen. Da kommt es doch nur darauf an, dass man eine gute Spielidee hat." Das finden die beiden Mädchen super, denn Inna weiß so viele Spiele.

151 Wörter

▲1. Lernschritt

➔ *Lies die folgenden Sätze aufmerksam durch.*

➔ *Ist die Aussage inhaltlich richtig? Dann kreuze die Aussage an.*

(!) *Achtung: Du darfst jetzt nicht mehr im Text nachlesen!*

Knicke das Blatt entlang dieser Linie nach hinten.

Nr.	Aussage	Richtig X
1	Innas Eltern verstehen noch wenig Englisch und bemühen sich, die Sprache zu lernen.	
2	Die Mutter arbeitet als Putzfrau, der Vater ist arbeitslos.	
3	Die Familie hat wenig Geld und lebt in einer großen Wohnung.	
4	Inna teilt sich ihr Zimmer mit der kleinen Schwester.	
5	Sie freut sich über ihre neuen Schulfreundinnen.	
6	Sie kann sich noch nicht gut verständigen.	
7	Sie reden ständig miteinander, wenn sie sich treffen.	
8	Inna traut sich nicht, ihre Freundinnen mit nach Hause zu nehmen.	
9	Frau Hansen gibt ihnen einen Tipp.	
10	Es kommt darauf an, dass man viele Spiele hat.	

Der Leseprofi / Klasse 4
Intensives Training des sinnerfassenden Lesens – Bestell-Nr. 16 764
KOHL VERLAG

2 Innas Welt

◆**2. Lernschritt**

➔ *Beantworte die folgenden Fragen zum Lesetext sinngemäß.*

➔ *Schreibe in vollständigen Sätzen.*

a) Als was arbeiten Innas Eltern? ______________________________

____

b) Wie lebt die Familie? ______________________________

____

c) Mit wem teilt Inna ein Zimmer? ______________________________

____

d) Wie geht es Inna mit ihren Schulfreundinnen? ____________________

____

e) Warum traut sie sich nicht, die beiden mit nach Hause zu nehmen?

____

f) Haben Corinna und Vanessa schon etwas bemerkt? ____________________

____

g) Welchen Tipp gibt Frau Hansen? ______________________________

____

h) Worauf kommt es beim Spielen an? ______________________________

____

★**Zusatzaufgaben**

- *Besprecht den Unterschied zwischen einer Spielidee und einem Spiel.*
- *Schreibt Spiele auf, die man im Freien spielen kann. Schreibt auch zu mindestens zwei Spielen eine Anleitung.*

3 Die Klasse 4a

Inna hat es trotz der Freundinnen nicht leicht, in der Klasse zurecht zu kommen. Vor allem Eugen macht ihr das Leben schwer. Er ärgert sie ständig, ist aber dabei sehr geschickt. Frau Kramer bekommt nie etwas mit. Inna wird immer stiller und schaut bedrückt. Corinna und Vanessa wollen ihr helfen, aber sie wissen nicht, wie. Sie möchten nicht als Petzen dastehen, denn sie fürchten sich auch ein wenig vor Eugen. Er ist groß und kräftig und hat fast alle Jungen auf seiner Seite. Ihn an seinen Streichen zu hindern ist schwierig, denn er geht so heimlich vor, dass es immer schon passiert ist, bevor Inna etwas merkt. Corinna hat dann die Idee mit dem Postkasten. Frau Kramer schreiben sie einen Brief von unbekannt und legen ihn in ihre Post. Jeden Montag zum Klassenrat wird er geleert und die Probleme besprochen. So kommt die Sache auf den Tisch und wird geklärt!

152 Wörter

▲1. Lernschritt

➔ *Lies die folgenden Sätze aufmerksam durch.*

➔ *Ist die Aussage inhaltlich richtig? Dann kreuze die Aussage an.*

(!) *Achtung: Du darfst jetzt nicht mehr im Text nachlesen!*

Knicke das Blatt entlang dieser Linie nach hinten.

		Richtig X
1	Inna hat es durch ihre Freundinnen leicht, in der Schule zurechtzukommen.	
2	Eugen macht ihr das Leben schwer.	
3	Er ist sehr geschickt im Ärgern.	
4	Frau Kramer bekommt alles mit.	
5	Inna wird immer stiller und bedrückter.	
6	Corinna und Vanessa möchten nicht als Petzen dastehen.	
7	Eugen ist klein und schmächtig.	
8	Ihn an seinen Streichen zu hindern, ist schwierig.	
9	Corinna hat die Idee mit dem Postkasten.	
10	Jeden Dienstag ist Klassenrat und die Probleme werden besprochen.	

Der Leseprofi / Klasse 4
Intensives Training des sinnerfassenden Lesens – Bestell-Nr. 16 764
KOHL VERLAG

3 Die Klasse 4a

◆2. Lernschritt

➔ *Beantworte die folgenden Fragen zum Lesetext sinngemäß.*

➔ *Schreibe in vollständigen Sätzen.*

a) Warum hat Inna es nicht leicht, in der Klasse zurechtzukommen?

b) Wie reagiert die Lehrerin?

c) Was geht in Inna vor?

d) Wollen Corinna und Vanessa helfen?

e) Welche Stellung hat Eugen in der Klasse?

f) Warum ist es schwierig, Eugen zu bremsen?

g) Welche Idee hat Corinna?

h) Was wird mit dem Brief geschehen?

★Zusatzaufgaben

- *Besprecht, welche Möglichkeiten Inna hätte, sich gegen Eugens Spielereien zu wehren.*
- *Schreibe auf, was du wichtig findest, um dich in einer Klasse wohlzufühlen.*

4 Ausflug

Die 4a macht einen Ausflug in die Sanddünen. Sie können mit öffentlichen Verkehrsmitteln dorthin fahren. Hamburg hat nämlich einen Strand, weil das Elbeurstromtal nach der Eiszeit viel Sand geführt hat. Das hatten sie im Sachunterricht schon gelernt. Zehn Minuten müssen sie vom Bus aus laufen, da können sie durch die Dünen hüpfen. Direkt am Fluss wollen sie einen Sandburgenwettbewerb machen. Corinna, Inna und Vanessa bilden ein Team. Mit Eugen will keiner mehr zusammen arbeiten, weil er inzwischen auch die Jungen ärgerte. Sie schuften Stunden mit ihren Schaufeln im Sand und dekorieren ihre Burg mit Schilfgras. Der Jury gefällt diese Burg am besten. Leider holt sich die Flut am Abend all die schönen Sandgebilde zurück. Nun ist es aber an der Zeit, ein herzhaftes Picknick einzunehmen. Einige Eltern waren mit den Autos gekommen und hatten einen Grill und viele Leckereien mitgebracht. Die Klasse lässt es sich schmecken und schlurft dann müde zum Bus. Corinna und Inna schlafen auf ihrer Sitzbank ein.

161 Wörter

▲1. Lernschritt

➔ *Lies die folgenden Sätze aufmerksam durch.*

➔ *Ist die Aussage inhaltlich richtig? Dann kreuze die Aussage an.*

(!) *Achtung: Du darfst jetzt nicht mehr im Text nachlesen!*

Knicke das Blatt entlang dieser Linie nach hinten.

		Richtig X
1	Die Klasse 4a macht einen Ausflug in die Sandkiste.	
2	Sie können mit privaten Wagen dorthinfahren.	
3	Hamburg hat keinen Strand.	
4	Das Elbeurstromtal hat nach der Eiszeit viel Sand geführt.	
5	Direkt am Fluss wollen sie einen Sandkuchenwettbewerb machen.	
6	Corinna, Vanessa und Inna bilden ein Team.	
7	Alle wollen mit Eugen zusammenarbeiten.	
8	Sie schuften eine Viertelstunde mit den Schaufeln.	
9	Die Flut holt sich am Abend die schönen Sandgebilde.	
10	Eltern waren mit Autos gekommen und hatten einen Grill dabei.	

KOHL VERLAG Der Leseprofi / Klasse 4 Intensives Training des sinnerfassenden Lesens – Bestell-Nr. 16 764

4 Ausflug

◆2. Lernschritt

➔ *Beantworte die folgenden Fragen zum Lesetext sinngemäß.*

➔ *Schreibe in vollständigen Sätzen.*

a) Wohin geht der Ausflug? ____________________

____

b) Warum hat Hamburg einen Strand? ____________________

____

c) Was machen die Kinder am Fluss? ____________________

____

d) Wie arbeitet Innas Team? ____________________

____

e) Wer gewinnt den Wettbewerb? ____________________

____

f) Weshalb stehen die Burgen am nächsten Morgen nicht mehr?

____

g) Was gibt es zum Abendessen? ____________________

____

h) Was passiert Corinna und Inna im Bus? ____________________

____

★Zusatzaufgaben

- *Besprecht, was man noch am Fluss hätte spielen können.*
- *Malt ein Bild, auf dem die Ergebnisse des Sandburgenwettbewerbs abgebildet werden.*

5 Übernachtung

Heute machen die vierten Klassen eine Lesenacht. Sie übernachten in der Schule und werden nach dem Frühstück von den Eltern wieder abgeholt. Jeder hat seinen Schlafsack und eine Matte dabei. Und natürlich ein Buch, das man gelesen hat und nun vorstellen soll. Frau Kramer liest eine Gruselgeschichte vor. Inna und Corinna haben ihre Betten nebeneinander geschoben.

Die Jungen schlafen im Nachbarzimmer und die beiden hören sie noch lange erzählen und Quatsch machen. Endlich ist Ruhe und leise flüsternd nicken unsere Heldinnen ein. Bei der Gruselgeschichte ist ihnen ganz schön bang gewesen. Corinna schreckt auf. Sie lauscht und hört ein lautes Heulen. Sie kriecht zu Inna unter die Decke. Die Jungen stürmen ins Zimmer und leuchten, untermalt von einem Mordsgegröle, mit ihren Taschenlampen wild herum. Frau Kramer scheucht sie zurück in die Betten und Corinna überlegt sich schon eine Rache für die nächtliche Störung.

144 Wörter

▲1. Lernschritt

➔ *Lies die folgenden Sätze aufmerksam durch.*

➔ *Ist die Aussage inhaltlich richtig? Dann kreuze die Aussage an.*

(!) *Achtung: Du darfst jetzt nicht mehr im Text nachlesen!*

Knicke das Blatt entlang dieser Linie nach hinten.

		Richtig X
1	Heute machen die vierten Klassen eine Lesenacht.	
2	Nach dem Mittagessen werden sie von ihren Eltern wieder abgeholt.	
3	Jeder hat einen Schulranzen dabei.	
4	Jeder hat ein Buch dabei, das nun vorgestellt werden soll.	
5	Die Schüler bekommen von Frau Kramer eine Gruselgeschichte vorgelesen.	
6	Anna und Corinna schlafen in zwei verschiedenen Räumen.	
7	Die Jungen machen noch lange Quatsch und erzählen.	
8	Vor der Gruselgeschichte haben die Kinder kein bisschen Angst gehabt.	
9	Corinna hört ein lautes Heulen.	
10	Die Jungen schleichen leise ins Mädchenzimmer.	

KOHL VERLAG Der Leseprofi / Klasse 4 Intensives Training des sinnerfassenden Lesens – Bestell-Nr. 16 764

5 Übernachtung

◆2. Lernschritt

➔ *Beantworte die folgenden Fragen zum Lesetext sinngemäß.*

➔ *Schreibe in vollständigen Sätzen.*

a) Wie soll die Lesenacht ablaufen? ______________________________

____

b) Was hat jeder dabei? ______________________________

____

c) Was liest Frau Kramer vor? ______________________________

____

d) Wo schlafen die Schüler? ______________________________

____

e) Was machen die Jungen vor dem Schlafengehen? ______________

____

f) Wie haben Corinna und Inna die Gruselgeschichte erlebt? ________

____

g) Was hört Corinna in der Nacht? ______________________________

____

h) Was tun die Jungen? ______________________________

____

★Zusatzaufgaben

- *Erzählt euch gegenseitig Gruselgeschichten.*
- *Schreibe eine Buchvorstellung von dem letzten Buch, das du gelesen hast.*

6 Ein Ritter wird erzogen

Die Erziehung eines Ritters dauerte lange, war hart und begann früh. Mit sieben Jahren wurde ein Page aus der Obhut der Frauen genommen und von den Männern unterrichtet. Er lernte das Ritter-ABC: Reiten, schwimmen, Bogen schießen, Faustkampf und Vogelfallen aufstellen. Sein Vater, Brüder oder ein Erzieher konnten seine Lehrer sein. Mit vierzehn Jahren musste er das Elternhaus verlassen und als Knappe an einem anderen Hof die ritterliche Ausbildung fortsetzen. Fürstenhöfe waren besonders beliebt, denn dort konnte er auf sich aufmerksam machen und Adlige kennen lernen, die ihm für die Karriere nützlich sein konnten. Geübt wurden nun die Kampftechniken mit der Lanze, Schwert, Streitaxt und Streitkolben. Bei Hofe lernte er auch gute Manieren, tanzen und das Brettspiel. Bei Tisch sollte er sich auch benehmen können und nicht ins Tischtuch schnäuzen.

133 Wörter

▲1. Lernschritt

➔ *Lies die folgenden Sätze aufmerksam durch.*

➔ *Ist die Aussage inhaltlich richtig? Dann kreuze die Aussage an.*

(!) *Achtung: Du darfst jetzt nicht mehr im Text nachlesen!*

- -

Knicke das Blatt entlang dieser Linie nach hinten.

		Richtig X
1	Die Erziehung eines Ritters dauerte nicht lange, sie war aber hart.	
2	Mit sieben Jahren wurde er Page.	
3	Er wurde dann aus der Obhut der Frauen genommen.	
4	Er lernte reiten, schwimmen, Bogen schießen und Handball.	
5	Mit 14 Jahren musste er sein Elternhaus verlassen.	
6	Er wurde Knappe und ging an einen anderen Hof.	
7	Fürstenhöfe waren nicht so beliebt, denn dort gab es zuviel zu essen.	
8	Kampftechniken mit der Lanze und dem Schwert wurden gelernt.	
9	Bei Hofe lernte er auch gute Manieren, tanzen und das Brettspiel.	
10	Bei Tisch musste man sich nicht benehmen.	

Der Leseprofi / Klasse 4
Intensives Training des sinnerfassenden Lesens – Bestell-Nr. 16 764
KOHL VERLAG

6 Ein Ritter wird erzogen

◆2. Lernschritt

→ *Beantworte die folgenden Fragen zum Lesetext sinngemäß.*

→ *Schreibe in vollständigen Sätzen.*

a) Wann begann die Ausbildung eines Ritters?

____

b) Was lernte der Page von seinen Eltern? ______________________________

____

c) Wer konnte der Lehrer sein? ______________________________

____

d) Wann verließ der Knappe sein Elternhaus? ______________________________

____

e) Was war als Ausbildungsort besonders beliebt? ______________________________

____

f) Welche Kampftechniken wurden geübt? ______________________________

____

g) Was lernte der Knappe außerdem bei Hofe? ______________________________

____

h) Wie sollte man sich bei Tisch benehmen? ______________________________

____

★Zusatzaufgaben

- *Sprich mit deinem Tischnachbarn/Partner die einzelnen Stationen eines Ritterlebens durch.*
- *Schreibt auf, was ein Ritter lernen musste.*

7 Schwimmstil

Die drei Hansenkinder wohnen an einem Kanal der Stadt Hamburg. Ihr Vater hat ihnen ein Floß gebaut. Auftriebskörper aus zwei Wassertonnen hat es. Mit ihren Stechpaddeln dürfen sie allein durch die Kanäle fahren, denn sie haben alle schon das silberne Schwimmabzeichen. Andi ist der Kapitän und Paul und Dörte sind die Matrosen. Heute wollen sie kentern üben, denn es ist ein heißer Sommertag. Sie bringen das Floß mächtig ins Schwanken, aber es will nicht kippen. Auf der Brücke über dem Kanal haben sich schon Menschen versammelt, die ihnen erschrocken zusehen. Sie können ja nicht wissen, dass die Kinder so gute Schwimmer sind. Paul bemerkt die Leute und macht sich einen Spaß daraus ins feuchte Nass zu fallen. Er schwimmt immer mit dem Kopf unter Wasser. Eine Frau schreit: „Er ertrinkt!". Sie weiß ja nicht, dass das sein persönlicher Schwimmstil ist.

141 Wörter

Hinweis: Obwohl in einem Kanal das Wasser nicht fließt, ist hier von Nachahmung dringend abzuraten!

▲1. Lernschritt

➔ *Lies die folgenden Sätze aufmerksam durch.*
➔ *Ist die Aussage inhaltlich richtig? Dann kreuze die Aussage an.*

(!) *Achtung: Du darfst jetzt nicht mehr im Text nachlesen!*

- -

Knicke das Blatt entlang dieser Linie nach hinten.

		Richtig X
1	Die drei Fleischmannkinder wohnen an einem Kanal in Hamburg.	
2	Ihr Vater hat ihnen ein Floß gebaut.	
3	Vier Wassertonnen sind die Antriebskörper.	
4	Mit den Stechpaddeln fahren sie ohne Eltern durch die Kanäle.	
5	Alle haben das goldene Schwimmabzeichen.	
6	An einem heißen Sommertag wollen sie kentern üben.	
7	Sie bringen das Floß zum Schwanken, bis es kippt.	
8	Auf einer Brücke haben sich Menschen versammelt, die erleichtert zusehen.	
9	Paul fällt ins Wasser.	
10	Eine Frau schreit: „Er stinkt!"	

Der Leseprofi / Klasse 4
Intensives Training des sinnerfassenden Lesens – Bestell-Nr. 16 764
KOHL VERLAG

7 Schwimmstil

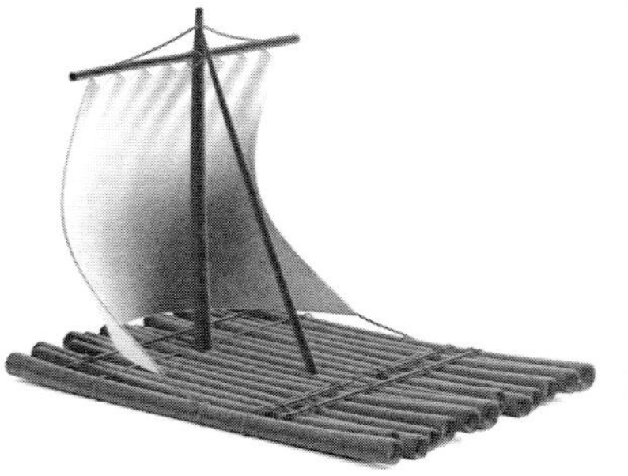

◆2. Lernschritt

➔ *Beantworte die folgenden Fragen zum Lesetext sinngemäß.*

➔ *Schreibe in vollständigen Sätzen.*

a) Was hat Vater Hansen gebaut? ______________________

____

b) Wie kann das Floß schwimmen? ______________________

____

c) Weshalb dürfen die Kinder allein durch die Kanäle fahren?

____

d) Was üben sie an dem heißen Tag? ______________________

____

e) Wie wollen sie das Floß zum Kentern bringen? ______________________

____

f) Wer versammelt sich auf der Brücke? ______________________

____

g) Was können die Menschen nicht wissen? ______________________

____

h) Woraus macht sich Paul einen Spaß? ______________________

____

★Zusatzaufgaben

- *Welche Sicherheitsvorkehrungen müssen Kinder auf dem Wasser beachten?*
- *Male ein Bild mit der Szene an der Brücke.*

8 Auf den Sonneninseln

In den Tropen gibt es wunderschöne Inseln. Sie sind von warmem und klarem Wasser umgeben. Diese Inseln sind wie Gärten. Auf dem Land wachsen vielfarbige Blumen und zuckersüße Früchte. Im Meer wachsen auch Gärten mit Korallen, Muscheln und leuchtenden Fischen. Viele Inseln sind entstanden, als unter Wasser Vulkane ausgebrochen sind. Die Familien, die hier leben, haben ihre Hütte aus Blättern selbst gebaut. Die Hütte hat nur einen Raum. Die Blätter der Bananenstaude werden zusammengeflochten und sind die Wand. Die Zweige der Kokospalme bilden das Dach. Ratten und Krebse sollen nicht in die Hütte! Deshalb wird auf Pfählen gebaut. Am Abend legt die Familie sich auf Raffiamatten schlafen. Aus den Blättern der Raffiapalme wird der Bast dafür gewonnen.

120 Wörter

▲1. Lernschritt

➔ *Lies die folgenden Sätze aufmerksam durch.*

➔ *Ist die Aussage inhaltlich richtig? Dann kreuze die Aussage an.*

(!) *Achtung: Du darfst jetzt nicht mehr im Text nachlesen!*

Knicke das Blatt entlang dieser Linie nach hinten.

		Richtig X
1	In den Tropen gibt es wunderschöne Korallenriffe.	
2	Die Inseln sind von klarem und kühlem Wasser umgeben.	
3	In den Gärten wachsen vielfarbige Blumen.	
4	Im Meer wachsen auch Gärten.	
5	Viele Inseln sind entstanden, als unter Wasser Seebeben ausbrachen.	
6	Die Familien bauen Hütten aus Beton.	
7	Die Wände sind aus den Blättern der Bananenstaude geflochten.	
8	Die Zweige der Tannenbäume bilden das Dach.	
9	Ratten und Krebse sollen in die Hütte!	
10	Die Familie schläft auf Raffiamatten.	

KOHL VERLAG Der Leseprofi / Klasse 4 Intensives Training des sinnerfassenden Lesens – Bestell-Nr. 16 764

8 Auf den Sonneninseln

◆2. Lernschritt

➔ *Beantworte die folgenden Fragen zum Lesetext sinngemäß.*

➔ *Schreibe in vollständigen Sätzen.*

a) Wo liegen die Sonneninseln? ____________________

____

b) Was umgibt die Inseln? ____________________

____

c) Was wächst an Land? ____________________

____

d) Was wächst im Meer? ____________________

____

e) Wie sind viele Inseln entstanden? ____________________

____

f) Wer baut die Hütten? ____________________

____

g) Woraus bestehen die Wände? ____________________

____

h) Was bildet das Dach? ____________________

____

★Zusatzaufgaben

- *Besprecht, wie die Familien in den Tropen Ratten und Krebse fernhalten.*
- *Beschreibe einen tropischen Hausbau.*

9 Markttag in den Tropen

Es duftet exotisch und ist ein Fest für die Augen. Die Fischer und Bauern bringen ihre Waren in die kleine Stadt. Es gibt alle Gemüsesorten und Früchte, die du nur aus dem Supermarkt kennst. Die gelben Bananen sind länger gereift und schmecken viel köstlicher. Es gibt aber auch die großen violetten Bananen, die man als Gemüse kocht. Auf dem Gewürzmarkt sitzt die Verkäuferin inmitten von Pfeffer- und Paprikabergen. Zimtstangen und Vanille kann man hier kaufen. Welche Früchte werde ich mit nach Hause nehmen? Die süßen Ananas oder die leckeren Papayas. Aber erst muss ich handeln, denn es gibt keine Preisschilder.

106 Wörter

▲1. Lernschritt

➔ *Lies die folgenden Sätze aufmerksam durch.*

➔ *Ist die Aussage inhaltlich richtig? Dann kreuze die Aussage an.*

(!) *Achtung: Du darfst jetzt nicht mehr im Text nachlesen!*

Knicke das Blatt entlang dieser Linie nach hinten.

		Richtig X
1	Es duftet exotisch und ist ein Fest für die Ohren.	
2	Die Fischer und Bauern bringen ihre Waren in die Stadt.	
3	Es gibt alle Gemüsesorten und Früchte, die du nur aus dem Supermarkt kennst.	
4	Die grünen Bananen sind länger gereift.	
5	Es gibt violette Bananen, die man als Gemüse kocht.	
6	Auf dem Gewürzmarkt gibt es Pfeffer und Paprika.	
7	Zimtstangen und Vanille kauft man auf dem Fischmarkt.	
8	Die Käuferin weiß genau, was sie will.	
9	Sie entscheidet zwischen saurer Ananas und leckerer Papaya.	
10	Sie muss handeln, denn es gibt keine Preisschilder.	

KOHL VERLAG Der Leseprofi / Klasse 4 Intensives Training des sinnerfassenden Lesens – Bestell-Nr. 16 764

9 Markttag in den Tropen

◆2. Lernschritt

➔ *Beantworte die folgenden Fragen zum Lesetext sinngemäß.*

➔ *Schreibe in vollständigen Sätzen.*

a) Wie duftet der Markttag in den Tropen?

b) Wer bringt die Ware in die Stadt?

c) Welche Gemüsesorten und Früchte gibt es zu kaufen?

d) Was unterscheidet die gelben Bananen von unseren?

e) Wie verarbeitet man violette Bananen?

f) Wie bietet die Verkäuferin ihre Gewürze an?

g) Welche Gewürze bietet sie noch an?

h) Weshalb wird gehandelt?

★Zusatzaufgaben

- *Geht in Gruppen in den Supermarkt und erkundet das Angebot an tropischen Früchten. Schreibt die Namen der Früchte und deren Herkunftsländer auf.*
- *Welche tropischen Früchte kennst du? Schreibe auf.*

10 Bärensage

Das berühmteste Sternbild von allen ist der große Wagen. Er wird in manchen Ländern auch als Bär bezeichnet. Dahinter steckt eine griechische Sage. Sie erzählt von Zeus und der schönen Kallisto. Der Göttervater, der mit Hera verheiratet war, verliebte sich in das Mädchen Kallisto, das einen Sohn von ihm bekam. Der hieß Arkas und wurde ein sehr guter Jäger. Als Hera von der Liebesbeziehung erfuhr, war sie rasend vor Wut und verwandelte Kallisto in eine Bärin. Bei der Jagd traf ihr Sohn Arkas auf die Bärin und hätte sie fast erschossen, wenn Zeus nicht den Pfeil umgelenkt hätte. Um seine Geliebte zu schützen, verwandelte er Kallisto und ihren Sohn in den großen und kleinen Bären am Sternenhimmel.

118 Wörter

▲1. Lernschritt

➔ *Lies die folgenden Sätze aufmerksam durch.*
➔ *Ist die Aussage inhaltlich richtig? Dann kreuze die Aussage an.*

(!) *Achtung: Du darfst jetzt nicht mehr im Text nachlesen!*

Knicke das Blatt entlang dieser Linie nach hinten.

		Richtig X
1	Das berühmteste Sternbild ist der große Stuhl.	
2	Er wird auch als Bär bezeichnet.	
3	Es steckt eine römische Sage dahinter.	
4	Die Sage erzählt von Zeus und Kallisto.	
5	Der Göttervater Zeus war mit Hera verheiratet.	
6	Er verliebte sich in Kallisto, die eine Tochter bekam.	
7	Er hieß Arkas und wurde ein guter Jäger.	
8	Hera erfuhr von der Liebelei und verwandelte Kallisto in einen Stuhl.	
9	Bei der Jagd hätte Arkas seine Mutter fast erschossen.	
10	Zeus verwandelte die Mutter und den Sohn in den großen und den kleinen Bären am Sternenhimmel.	

Der Leseprofi / Klasse 4 – Bestell-Nr. 16 764
Intensives Training des sinnerfassenden Lesens
KOHL VERLAG

10 Bärensage

◆2. Lernschritt

➔ *Beantworte die folgenden Fragen zum Lesetext sinngemäß.*

➔ *Schreibe in vollständigen Sätzen.*

a) Welches ist das berühmteste Sternbild von allen?

✎ ____

b) Wie wird dieses Sternbild auch noch genannt? ______________________

____

c) Von welcher Sage erzählt das Sternbild? ______________________

____

d) Wer verliebte sich in Kallisto? ______________________

____

e) Wie hieß ihr Sohn und was wurde aus ihm? ______________________

____

f) Was tat Hera, als sie von der Liebe ihres Mannes erfuhr? ______________

____

g) Was passierte Arkas auf der Jagd? ______________________

____

h) Wie rettete Zeus seine Geliebte und ihren Sohn? ______________________

____

★Zusatzaufgaben

- *Erzählt die Sage aus Kallistos Sicht.*
- *Lies im Lexikon oder im Internet nach, was der „Große Bär" ist und zeichne ihn in deinem Heft nach.*

11 Fußballtraining

Maxi trainiert im Verein mit viel Hingabe. Er spielt auch am Nachmittag mit seinen Freunden auf dem Bolzplatz. Aber ob er mal ein guter Fußballer wird, steht in den Sternen. Er ist nicht so schnell wie Jan, er ist nicht so gewandt wie Michael und er ist nicht so treffsicher wie Anton. Seine Freunde stört das nicht, denn sie finden, dass Maxi ein wirklich guter Kumpel ist. „Mit dem kann man mehr machen, als nur Fußball spielen", meinte Jan neulich. Maxi ist zum Beispiel sehr hilfsbereit und hat ihm schon viel bei den Hausaufgaben geholfen. Um so wütender waren sie auf den Trainer, als sie das Gespräch von ihm und Maxi belauschten. „Du könntest ein ganz guter Fußballer werden, wenn dir nicht zwei Dinge im Weg stünden", begann der Trainer. „Was denn?", fragte Maxi erstaunt nach. „Deine Beine", gab der Trainer zurück. Nach dem Training haben die Freunde überlegt, wie sie dem Trainer eins auswischen könnten.

157 Wörter

▲1. Lernschritt

→ *Lies die folgenden Sätze aufmerksam durch.*
→ *Ist die Aussage inhaltlich richtig? Dann kreuze die Aussage an.*

(!) *Achtung: Du darfst jetzt nicht mehr im Text nachlesen!*

Knicke das Blatt entlang dieser Linie nach hinten.

		Richtig X
1	Maxi trainiert im Verein mit wenig Hingabe.	
2	Er spielt auch am Vormittag mit seinen Freunden.	
3	Maxi ist so schnell wie Jan.	
4	Er ist nicht so gewandt wie Michael.	
5	Seine Freunde finden, dass er ein wirklich guter Kumpel ist.	
6	Maxi ist sehr hilfsbereit.	
7	Er hat Jan leider nicht bei den Hausaufgaben helfen können.	
8	Die Freunde belauschen ein Gespräch zwischen Maxi und dem Trainer.	
9	Der Trainer meint, dass Maxi ein ganz guter Fußballer werden könnte.	
10	„Deine Beine sind dir im Weg", sagt der Vater.	

KOHL VERLAG Der Leseprofi / Klasse 4 Intensives Training des sinnerfassenden Lesens – Bestell-Nr. 16 764

11 Fußballtraining

◆2. Lernschritt

➔ *Beantworte die folgenden Fragen zum Lesetext sinngemäß.*

➔ *Schreibe in vollständigen Sätzen.*

a) Wann spielt Maxi mit seinen Freunden Fußball?

✎ ______________________________

b) Was steht in den Sternen (ist ungewiss)? ______________________________

____

c) Wie spielt Maxi im Vergleich zu Jan? ______________________________

____

d) Was denken die Freunde über Maxi? ______________________________

____

e) Was kann man mit Maxi auch machen außer Fußball spielen?

____

f) Wann sind die Freunde sauer auf den Trainer? ______________________________

____

g) Was sagt der Trainer zu Maxi? ______________________________

____

h) Was überlegen sich die Freunde? ______________________________

____

★Zusatzaufgaben

- *Warum ist die Aussage des Trainers unfair?*
- *Schreibt einen Steckbrief über Maxi.*

12 Geister

Ein Tourist macht eine Entdeckungsreise durch Schottland. Er hat schon eine Woche lang die Highlands durchfahren. Besonders interessiert er sich für Sagengestalten, die sich in den Seen aufhalten. Diese Seen heißen hier „Lochs". Am bekanntesten ist das Ungeheuer von Loch Ness. Aber auch ein echtes Schlossgespenst könnte ihn reizen. Er hat schon in mehreren Schlössern übernachtet, aber es hat ihn leider nicht gegruselt. Dabei waren die Burganlagen oft sehr gespenstisch. Mächtige Mauern erhoben sich in den regenverhangenen Himmel und hinter den Zinnen huschte doch etwas! Heute versuchte er es noch einmal. Das „Castle of Dunningham" kam ihm gerade recht. Im Reiseführer wurde von einem mysteriösen Mordfall vor drei Jahrhunderten gesprochen. Ganz frech fragte er den Schlossbesitzer bei der Ankunft: „Ich habe gehört, dass es hier ein Schlossgespenst gibt?" „Nein, ganz sicher nicht", antwortete der Schlossherr, „das müsste ich wissen, denn ich lebe schon 300 Jahre hier."

149 Wörter

▲1. Lernschritt

➔ *Lies die folgenden Sätze aufmerksam durch.*

➔ *Ist die Aussage inhaltlich richtig? Dann kreuze die Aussage an.*

(!) *Achtung: Du darfst jetzt nicht mehr im Text nachlesen!*

Knicke das Blatt entlang dieser Linie nach hinten.

Nr.	Aussage	Richtig X
1	Ein Tourist macht ein Überlebenstraining in Schottland.	
2	Er hat schon einen Monat lang die Highlands durchfahren.	
3	Er interessiert sich für Sagengestalten aus den Bergen.	
4	Die Seen heißen „Lochs".	
5	Ein echtes Schlossgespenst reizt ihn nicht.	
6	Die meisten Burganlagen waren gespenstisch.	
7	Mächtige Mauern erheben sich in den Himmel.	
8	Im Reiseführer wurde von einem mysteriösen Mordfall vor zwei Jahrhunderten berichtet.	
9	Der Tourist fragt den Koch bei der Ankunft.	
10	Der Schlossbesitzer lebt schon 300 Jahre lang.	

Der Leseprofi / Klasse 4
Intensives Training des sinnerfassenden Lesens – Bestell-Nr. 16 764
KOHL VERLAG

12 Geister

◆2. Lernschritt

➔ *Beantworte die folgenden Fragen zum Lesetext sinngemäß.*

➔ *Schreibe in vollständigen Sätzen.*

a) Welche Art von Reise macht der Tourist?

____

b) Wofür interessiert sich der Reisende? ______________________________

____

c) Was könnte ihn noch reizen? ______________________________

____

d) Hat er sich schon gegruselt? ______________________________

____

e) Wie sieht eine gespenstische Burganlage aus? ______________________________

____

f) Was berichtet der Reiseführer? ______________________________

____

g) Was fragt der Tourist den Schlossbesitzer? ______________________________

____

h) Wie antwortet der Schlossbesitzer? ______________________________

____

★Zusatzaufgaben

- *Erzählt euch, was ihr gruselig findet.*
- *Schreibt auf, was es auf einer Burg alles zu sehen gibt.*

13 Das Wespennest

In diesen Ferien wohnt Franziska mit ihren Eltern in einem Holzhaus in den Bergen. Gleich mit den ersten Sonnenstrahlen eilt sie am Morgen auf den Balkon. Sie atmet die frische Luft und ist froh, dass ihre beiden Brüder noch nicht wach sind. Die können einem wirklich jeden stillen Moment zerstören! Sie lauscht auf das Gemurmel des Baches und vernimmt ein lautes Summen hinter sich. An der Holzwand hinter ihr tummeln sich mindestens zehn Wespen. Ängstlich weicht sie einen Schritt zurück. Seit eine Wespe Franziska im Schwimmbad in den Fuß gestochen hat, ist der Anblick der Brummer ihr etwas unangenehm. Aber neugierig ist sie doch und beobachtet nun das rege Treiben an der Einflugschneise. In ein Loch über der Lampe fliegen sie ein und aus. Dahinter wird sich ihr Nest befinden, vermutet Franziska. Vater erklärt ihr später, dass Wespen aus Holzresten einen Papierbrei herstellen, aus dem sie bläschenförmige Waben machen. Wenn man genau hinsieht, kann man sie auch am Rand des Einflugloches sehen. Franziska ist begeistert, denn diese Nützlinge fressen auch die Mücken, die sie immer so piesacken in der Nacht.

182 Wörter

▲1. Lernschritt

➔ *Lies die folgenden Sätze aufmerksam durch.*
➔ *Ist die Aussage inhaltlich richtig? Dann kreuze die Aussage an.*

(!) *Achtung: Du darfst jetzt nicht mehr im Text nachlesen!*

Knicke das Blatt entlang dieser Linie nach hinten.

		Richtig X
1	In den Ferien wohnt Franziska mit ihren Eltern in einem Holzhaus am Meer.	
2	Mit den letzten Sonnenstrahlen eilt sie auf den Balkon.	
3	Sie ist froh, dass ihre Brüder noch nicht wach sind.	
4	Die können einem jeden stillen Moment zerstören.	
5	Sie hört ein lautes Hämmern.	
6	An der Holzwand hinter ihr tummeln sich 10 Wespen.	
7	Seit ein Vogel sie ins Bein gezwickt hat, ist ihr der Anblick der Brummer unangenehm.	
8	Neugierig betrachtet sie das rege Treiben.	
9	Wespen machen aus Papierbrei viele Waben.	
10	Die Nützlinge fressen auch Mücken.	

Der Leseprofi / Klasse 4 – Bestell-Nr. 16 764
Intensives Training des sinnerfassenden Lesens
KOHL VERLAG

13 Das Wespennest

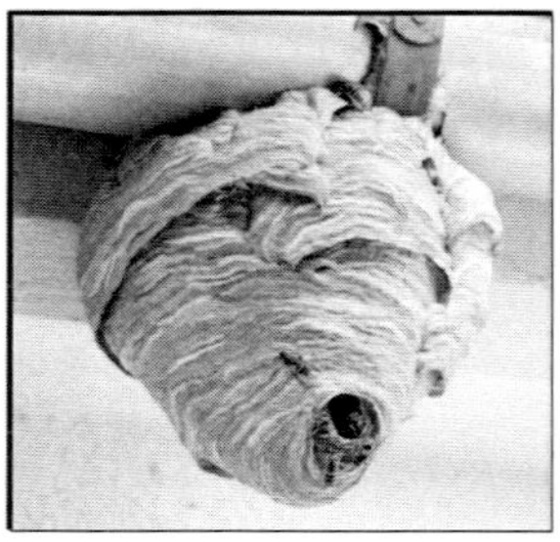

◆2. Lernschritt

➔ *Beantworte die folgenden Fragen zum Lesetext sinngemäß.*

➔ *Schreibe in vollständigen Sätzen.*

a) Wo macht Franziska Ferien? ____________________

____

b) Was tut sie gleich am Morgen? ____________________

____

c) Warum ist sie froh, dass ihre Brüder noch nicht wach sind?

____

d) Was hört sie auf dem Balkon? ____________________

____

e) Warum sind ihr Wespen unangenehm? ____________________

____

f) Was beobachtet sie? ____________________

____

g) Wo fliegen die Wespen ein und aus? ____________________

____

h) Wie bauen Wespen ein Nest? ____________________

____

★Zusatzaufgaben

- *Weshalb sind Wespen Nützlinge?*
- *Schreibe auf, was du mit Wespen schon erlebt hast.*

14 Tiger

Tiger sind die größten Katzen und leben im dichten Urwald (Dschungel) Indiens. Mit ihrem „getigerten" Fellmuster sind sie perfekt getarnt. So werden sie vor dem Hintergrund der dicht wachsenden Pflanzen des Dschungels kaum gesehen. Ein schnell laufender Tiger wird im Dickicht einfach nur grau gesehen. Die Tiger jagen am liebsten zu kühlen Tageszeiten. Vom Wildschwein des Urwaldes bis zum Büffel jagen Tiger die verschiedensten Beutetiere. Wenn das Futter knapper wird, fressen sie auch Eidechsen, Frösche und sogar Krokodile. Alle Tiger fressen Aas; sie gehen einige Male zu den geschlagenen Beutetieren zurück, um zu fressen. Ein voll ausgewachsener Tiger frisst zu einer Mahlzeit bis zu 27 Kilogramm Fleisch. Ein Beutetier wie das Wildschwein wird im Sprung von vorn angegriffen. Dabei packen die Vorderpranken den Hals des Tieres und reißen es zu Boden.

122 Wörter

▲1. Lernschritt

➔ *Lies die folgenden Sätze aufmerksam durch.*

➔ *Ist die Aussage inhaltlich richtig? Dann kreuze die Aussage an.*

(!) *Achtung: Du darfst jetzt nicht mehr im Text nachlesen!*

Knicke das Blatt entlang dieser Linie nach hinten.

		Richtig X
1	Tiger sind die größten Katzen und leben im dichten Urwald.	
2	Mit ihrem „getigerten" Fellmuster sind sie perfekt getarnt.	
3	Die Tiger jagen am liebsten zu warmen Tageszeiten.	
4	Vom Wildschwein des Urwaldes bis zum Büffel jagen Tiger die verschiedensten Beutetiere.	
5	Ein schnell laufender Tiger wird im Dickicht einfach nur grün gesehen.	
6	Wenn das Futter knapper wird, fressen sie auch Löwen.	
7	Alle Tiger fressen Aas.	
8	Ein voll ausgewachsener Tiger frisst zu einer Mahlzeit bis zu 27 Kilogramm Fleisch.	
9	Ein Beutetier wie das Wildschwein wird im Sprung von vorn angegriffen.	
10	Tiger leben in großen Meeren.	

KOHL VERLAG Der Leseprofi / Klasse 4 Intensives Training des sinnerfassenden Lesens – Bestell-Nr. 16 764

14 Tiger

◆2. Lernschritt

➔ *Beantworte die folgenden Fragen zum Lesetext sinngemäß.*

➔ *Schreibe in vollständigen Sätzen.*

a) Zu welcher Tierart gehört der Tiger? ____________________

____

b) Beschreibe den Lebensraum des Tigers! ____________________

____

c) Was bedeutet „getarnt" und wodurch ist der Tiger getarnt? __________

____

d) Welche Tageszeit bevorzugt der Tiger zur Jagd? ____________

____

e) Wie sieht der Speiseplan des Tigers aus? ____________________

____

____

f) Wie groß kann eine Mahlzeit sein? ____________________

____

g) Wie erlegt der Tiger ein Wildschwein? ____________________

____

★Zusatzaufgaben

- *Diskutiert darüber, was den Tiger zu einem guten Jäger macht.*
- *Schreibt auf, was ein junger Tiger alles lernen muss.*

15 Inuit

Die indigenen Volksgruppen sind mit den Mongolen verwandt. Sie leben im hohen Norden Amerikas, Asiens und Grönlands. „Inuit" sind „Rohfleischesser", denn sie nehmen ihre Nahrung, meistens Fisch, roh zu sich. So können sie auch Vitamine aufnehmen, denn Obst und Gemüse als Vitaminspender gibt es ja nicht. Sie selbst nennen sich „Inuit", das bedeutet „Menschen". An das Leben in der extremen Kälte haben sich die Inuit seit Jahrtausenden gut angepasst. Sie tragen die Felle ihrer erlegten Beutetiere, dadurch werden sie sehr gut geschützt. Ihre Häuser, die „Iglus", werden halbrund aus Schnee und Eis hergestellt. Ihre Form lässt die Schneestürme über die Iglus hinwegtoben, ohne ihnen etwas anzuhaben. In einem Iglu wird es ohne Heizung, nur durch die Wärme der Menschen, bis zu 15 °C warm.

125 Wörter

▲1. Lernschritt

➔ *Lies die folgenden Sätze aufmerksam durch.*

➔ *Ist die Aussage inhaltlich richtig? Dann kreuze die Aussage an.*

(!) *Achtung: Du darfst jetzt nicht mehr im Text nachlesen!*

Knicke das Blatt entlang dieser Linie nach hinten.

Nr.	Aussage	Richtig X
1	Die indigenen Völker sind mit den Mandarinen verwandt.	
2	Sie leben im hohen Norden Amerikas, Asiens und Grönlands.	
3	„Inuit" sind „Grünzeugesser".	
4	Sie nehmen rohen Fisch als Vitaminspender.	
5	Sie nennen sich „Inuit", das heißt „Menschen".	
6	Sie haben sich an die extreme Hitze gut angepasst.	
7	Sie tragen die Felle ihrer Beutetiere.	
8	Die „Iglus", ihre Häuser, werden eckig aus Schnee und Eis hergestellt.	
9	Schneestürme toben über die Iglus hinweg.	
10	In einem Iglu wird es bis zu 25 °C warm, dies kommt von den kleinen Holzöfen.	

KOHL VERLAG
Der Leseprofi / Klasse 4
Intensives Training des sinnerfassenden Lesens – Bestell-Nr. 16 764

Inuit

◆2. Lernschritt

➔ *Beantworte die folgenden Fragen zum Lesetext sinngemäß.*

➔ *Schreibe in vollständigen Sätzen.*

a) Mit welchem Volk sind die Inuit verwandt?

b) Wo leben sie?

c) Wie nehmen sie ihre Hauptnahrung Fisch zu sich?

d) Was ist ihr Vitaminspender?

e) Was bedeutet „Inuit"?

f) Woran mussten sich die Inuit anpassen?

g) Woraus werden die Häuser, Iglus, gemacht?

h) Wie wird das Innere eines Iglus beheizt?

★Zusatzaufgaben

- *Besprecht, welchen Vorteil die Form des Iglus hat.*
- *Inuit bedeutet so viel wie „Menschen". Früher hat man diese Menschen auch „Eskimos" genannt. Recherchiert, warum diese Bezeichnung heute nicht mehr benutzt wird.*

16 Das Meer

Mehr als zwei Drittel der Erde sind mit Wassermassen bedeckt. Nur ein Drittel ist Land. Die größten Meere sind der Atlantische, der Pazifische und der Indische Ozean. Mit 35 °C ist das Rote Meer zwischen Afrika und Arabien das wärmste Meer. In der Tiefsee ist es nur 4 °C warm. Meerwasser unterscheidet sich von Süßwasser durch seinen Salzgehalt von 3,5 %. Im Durchschnitt sind in einem Liter Meerwasser 35g Salze. Landlebewesen können dieses Wasser nicht zum Trinken benutzen. Man kann auch keine Felder damit bewässern. Viele Tierarten leben im Meer. Wale und Delfine sind dabei sogar Säugetiere. Fische atmen dagegen mit Kiemen. Viele Tiere und Pflanzen leben in der Nähe der Meeresoberfläche. Nur die Tiefseefische und die Riesenkraken leben 8000 bis 9000 Meter tief.

123 Wörter

▲1. Lernschritt

➔ *Lies die folgenden Sätze aufmerksam durch.*
➔ *Ist die Aussage inhaltlich richtig? Dann kreuze die Aussage an.*

(!) *<u>Achtung</u>: Du darfst jetzt nicht mehr im Text nachlesen!*

- -

Knicke das Blatt entlang dieser Linie nach hinten.

Nr.	Aussage	Richtig X
1	Mehr als ein Drittel der Erde ist mit Wasser bedeckt.	
2	Die größten Meere sind der Atlantische, der Pazifische und der Indische Ozean.	
3	Mit 95 °C ist das Rote Meer das wärmste aller Meere.	
4	In der Tiefsee ist es nur 4 °C warm.	
5	Meerwasser hat einen Salzgehalt von 3,5 Prozent.	
6	Im Durchschnitt sind in einem Liter Meerwasser 35 g Pfeffer.	
7	Landlebewesen können dieses Wasser auch zum Trinken benutzen.	
8	Viele Tierarten leben im Meer.	
9	Fische atmen mit Kiemen.	
10	Tiefseefische leben 50 Meter tief.	

KOHL VERLAG Der Leseprofi / Klasse 4 Intensives Training des sinnerfassenden Lesens – Bestell-Nr. 16 764

16 Das Meer

◆2. Lernschritt

➔ *Beantworte die folgenden Fragen zum Lesetext sinngemäß.*

➔ *Schreibe in vollständigen Sätzen.*

a) Wie sind Wasser und Land auf der Erde verteilt?

____

b) Nenne die größten Meere! _______________________

____

c) Welches ist mit 35 °C das wärmste Meer? ___________

____

d) Wie unterscheidet man Salz- von Süßwasser? ________

____

e) Was kann man mit Salzwasser nicht tun? ___________

____

f) Zähle Tierarten auf, die im Meer leben! ____________

____

g) Wo leben viele Tiere und Pflanzen? ________________

____

h) Wo leben Tiefseefische und Riesenkraken? __________

____

★Zusatzaufgaben

- *Bildet einige Kleingruppen. Erzählt euch, was ihr schon alles am oder im Meer erlebt habt.*
- *Zeichnet aus dem Atlas eine Landkarte ab. Malt die Landmassen braun und das Wasser blau ein.*

17 Der gestiefelte Kater *(nach den Perrault)*

Mit seiner Rebhuhnjagd hatte sich der gestiefelte Kater schon bei dem König eingeschmeichelt. Jetzt fehlte seinem Herrn Hans nur noch eine vornehme Bekleidung. Die Gelegenheit kam, als der Kutscher schimpfte: „Der König und die Prinzessin möchten am See spazieren gefahren werden. Jetzt wird es nichts aus der Würfelpartie im Wirtshaus.“ Der Kater bat seinen Herrn, sich auszuziehen und ins Wasser zu springen. Hans hatte des Katers Rat noch nie geschadet, also folgte er. Die Kleider ließ der Kater verschwinden und rief dem König entgegen: „Allergnädigster König! Ein Dieb hat die Kleider meines Herrn gestohlen. Nun ist der Graf von Carrabas im Wasser und kann nicht heraus. Helft ihm.“ Der König ließ prächtige Kleider holen und Hans kam aus dem Wasser. Er durfte in der Kutsche mitfahren, denn der König hatte die Rebhühner ja in seinem Namen bekommen.

140 Wörter

▲1. Lernschritt

➔ *Lies die folgenden Sätze aufmerksam durch.*

➔ *Ist die Aussage inhaltlich richtig? Dann kreuze die Aussage an.*

(!) *Achtung: Du darfst jetzt nicht mehr im Text nachlesen!*

Knicke das Blatt entlang dieser Linie nach hinten.

		Richtig X
1	Mit seiner Mäusejagd hatte sich der Kater beim König eingeschmeichelt.	
2	Hans fehlte noch vornehme Kleidung.	
3	Die Gelegenheit kam, als der Wirt schimpfte.	
4	Der Kater bat seinen Herrn, angezogen ins Wasser zu springen.	
5	Hans hatte der Rat des Katers noch nie geschadet.	
6	Der Kater ließ die Kleider verschwinden.	
7	Zum König ruft der Kater: „Ein Hund hat die Kleider meines Herrn gestohlen.“	
8	„Der Graf von Carrabas ist im Wasser und kann nicht heraus.“	
9	Der König ließ prächtige Kleider kommen und gab sie Hans.	
10	Er durfte aber nicht mit der Kutsche fahren.	

KOHL VERLAG Der Leseprofi / Klasse 4 Intensives Training des sinnerfassenden Lesens – Bestell-Nr. 16 764

17 Der gestiefelte Kater *(nach den Brüdern Grimm)*

◆2. Lernschritt

➔ *Beantworte die folgenden Fragen zum Lesetext sinngemäß.*

➔ *Schreibe in vollständigen Sätzen.*

a) Womit hatte sich der Kater beim König eingeschmeichelt?

b) Was fehlte Hans, um vornehm zu wirken?

c) Wann kam eine Gelegenheit, Hans mit Kleidern zu versorgen?

d) Worüber ärgerte sich der Kutscher?

e) Worum bat der Kater seinen Herrn?

f) Was flunkerte der Kater dem König vor?

g) Wie reagiert der König?

h) In wessen Namen hatte der König die Rebhühner bekommen?

★Zusatzaufgaben

- *Schreibt auf, wie der Kater Hans zum vornehmen Herrn macht.*
- *Besorgt euch das ganze Märchen vom gestiefelten Kater und lest es gemeinsam durch.*

18 Hans wird König

Der Prinzessin gefiel es, neben Hans zu sitzen, denn er war jung und schön. Der gestiefelte Kater lief nun vor und drohte allen Arbeitern auf den Feldern, in den Wäldern und auf den Wiesen mit dem Tod, wenn sie nicht sagten, dass all dies dem Grafen von Carrabas gehöre. In Wahrheit gehörte alles dem gefürchteten Zauberer. Mit dem fing der schlaue Kater einen Zauberwettstreit an. Als er behauptete, er könne sich nicht in eine Maus verwandeln, tat der Zauberer eben dies und der Kater fraß ihn auf. Inzwischen waren der König mit der Prinzessin und Hans in der Kutsche weiter gefahren. Überall sagten die Leute, wie ihnen befohlen worden war, dass die Ländereien dem Grafen gehörten. Im Schloss des Zauberers empfing der Kater die drei. Es war noch prächtiger als das Schloss des Königs. Hans und die Prinzessin heirateten. So wurde Hans König!

146 Wörter

▲1. Lernschritt

➔ *Lies die folgenden Sätze aufmerksam durch.*
➔ *Ist die Aussage inhaltlich richtig? Dann kreuze die Aussage an.*

(!) *Achtung: Du darfst jetzt nicht mehr im Text nachlesen!*

- -

Knicke das Blatt entlang dieser Linie nach hinten.

Richtig X

1	Der Prinzessin gefiel es nicht, neben Hans zu sitzen.	
2	Hans war jung und schön.	
3	Der gestiefelte Kater drohte den Arbeitern.	
4	Sie sollten sagen, dass alles dem Grafen gehöre.	
5	Alles gehörte in Wahrheit dem König.	
6	Zauberer und Kater fingen einen Wettstreit an.	
7	Der Kater behauptete, der Zauberer könne sich nicht in eine Maus verwandeln.	
8	Die Maus wurde vom Kater gefressen.	
9	Die Leute sagten, dass alle Ländereien dem Zauberer gehörten.	
10	Im Schloss des Zauberers empfing der Kater die drei Musketiere.	

KOHL VERLAG
Der Leseprofi / Klasse 4
Intensives Training des sinnerfassenden Lesens – Bestell-Nr. 16 764

18 Hans wird König

◆2. Lernschritt

➔ *Beantworte die folgenden Fragen zum Lesetext sinngemäß.*

➔ *Schreibe in vollständigen Sätzen.*

a) Weshalb gefiel es der Prinzessin, neben Hans zu sitzen?

____

b) Was sollten die Arbeiter auf den Feldern sagen? ____________________

____

c) Womit bedrohte der Kater sie? ____________________

____

d) Wem gehörten die Wiesen in Wahrheit? ____________________

____

e) Mit wem fing der schlaue Kater einen Zauberwettstreit an? ____________

____

f) Was behauptete der Kater? ____________________

____

g) Was tat der Zauberer daraufhin? ____________________

____

h) Wie wurde der Kater den Zauberer los? ____________________

____

★Zusatzaufgaben

- *Erzählt euch von Zaubertricks, die ihr schon gesehen habt.*
- *Beschreibe das prächtige Schloss des Zauberers.*

19 Hilfe, es brennt!

Elisa entdeckt es als Erste. Der Adventskranz hatte Feuer gefangen. Sie sagt sofort ihrer Mutter Bescheid, die die Löschdecke aus der Küche holt. Schnell deckt sie das Feuer zu, dass es erstickt. Als alles abgekühlt ist, sehen sie, dass der Tisch ein großes Brandloch hat. Das ist aber noch einmal gut gegangen. Die Mutter lobt Elisa für ihre Umsicht. Sie hätte das Feuer nicht allein löschen dürfen. Falls das Feuer größer ist, muss man den Notruf wählen: 112. Die Mutter erklärt ihrer Tochter wie man das macht. „Zuerst nennst du deinen Namen und sagst deine Adresse. Dann erzählst du zügig, was passiert ist. Du musst dich in Sicherheit bringen, den brennenden Raum verlassen und die Tür hinter dir schließen. Die Feuerwehr wird bald da sein. Wenn im Treppenhaus Qualm ist, öffne ein Fenster, denn die Feuerwehr rettet dich dann mit der Leiter. Benutze auf keinen Fall den Fahrstuhl! Er könnte bei Stromausfall stecken bleiben." Elisa ist froh, dass es Menschen gibt, deren Aufgabe es ist, andere, auch bei Gefahr für ihr eigenes Leben, zu retten.

177 Wörter

▲1. Lernschritt

➔ *Lies die folgenden Sätze aufmerksam durch.*

➔ *Ist die Aussage inhaltlich richtig? Dann kreuze die Aussage an.*

(!) *Achtung: Du darfst jetzt nicht mehr im Text nachlesen!*

Knicke das Blatt entlang dieser Linie nach hinten.

		Richtig X
1	Elisa sieht das Feuer zu spät.	
2	Der Tannenbaum brennt lichterloh.	
3	Die Mutter holt die Löschdecke aus der Küche.	
4	Als alles abgekühlt ist, hat der Tisch ein großes Brandloch.	
5	Die Mutter lobt den Feuerwehrmann.	
6	112 ist der Notruf, wenn das Feuer größer ist.	
7	Mutter erklärt ihrem Sohn, wie das geht.	
8	„Du nennst deinen Namen und deine Adresse."	
9	Du musst dich in Sicherheit bringen und lässt die Tür offen.	
10	Benutze nie den Fahrstuhl!	

KOHL VERLAG Der Leseprofi / Klasse 4 Intensives Training des sinnerfassenden Lesens – Bestell-Nr. 16 764

19 Hilfe, es brennt!

◆2. Lernschritt

➔ *Beantworte die folgenden Fragen zum Lesetext sinngemäß.*

➔ *Schreibe in vollständigen Sätzen.*

a) Wer löscht den brennenden Adventskranz?

b) Wie löscht man mit einer Löschdecke?

c) Weshalb lobt die Mutter Elisa?

d) Wann wählt man 112?

e) Wie wird ein Notruf abgesetzt?

f) Was ist noch zu tun?

g) Was tust du, wenn das Treppenhaus brennt?

h) Warum darfst du nicht den Fahrstuhl benutzen?

★Zusatzaufgaben

- *Sprecht einen Dialog: Einer macht den Notruf, der andere nimmt ihn in der Feuerwehrzentrale entgegen. Tauscht anschließend die Rollen.*
- *Schreibe Regeln auf, die im Brandfall zu beachten sind.*

20 Jolle stiehlt den Braten

Es war Weißer Sonntag bei Familie Zimmermann. Für diesen Tag wurden viele Vorbereitungen getroffen. Nach der feierlichen Messe in der St. Ambrosius-Kirche in Koblenz gingen alle, Kinder, Eltern und die Gäste nach Hause. Man unterhielt sich über Familienereignisse und alles, was erzählenswert erschien. Die Mutter Zimmermann werkte mit einer Freundin in der Küche und bereitete das festliche Mittagessen vor: Der köstlich riechende Braten lachte aus dem Backofen und die verschiedenen Gemüsesorten lockten den Appetit hervor. Aber, ich habe euch noch gar nichts von Jolle erzählt. Jolle war unser gutmütiger, aber verfressener Boxer. Alle liebten ihn. Nur bei einer Sache war er nicht zu stoppen, er fraß alles, was er in seiner Nähe fand. Und an diesem Sonntag fand er etwas ganz Besonderes. Mutti hatte den wunderschönen Braten abgestellt und bereitete die Soße zu. Jolle war sicher, dass der Braten für ihn da stand. Mit irrer Geschwindigkeit stahl er ihn. So schnell hatte man ihn noch nie schlucken und schlürfen gesehen – der Braten war in Null Komma nichts so angefressen, dass wir ihn nicht mehr gebrauchen konnten. Jetzt stand die Küche Kopf. Kein Braten – Katastrophe! Es gab nur Kartoffeln, Soße und Gemüse. Unsere Mutter war einem Weinkrampf nahe, die Gäste sahen es gelassen. Jolle war wieder einmal der Star des Tages, wenn auch anders, als wir gedacht hatten.

219 Wörter

▲1. Lernschritt

➔ *Lies die folgenden Sätze aufmerksam durch.*

➔ *Ist die Aussage inhaltlich richtig? Dann kreuze die Aussage an.*

(!) *Achtung: Du darfst jetzt nicht mehr im Text nachlesen!*

Knicke das Blatt entlang dieser Linie nach hinten.

		Richtig **X**
1	Der gelbe Sonntag wird bei Familie Zimmermann gefeiert.	
2	Es waren nur ganz wenige Vorbereitungen getroffen worden.	
3	Nach der feierlichen Messe in der St. Michaelis-Kirche gingen alle nach Hause.	
4	Man unterhielt sich über Politik und Kunst.	
5	Mutter bereitete in der Küche alles für das Mittagessen vor.	
6	Jolle war unser gutmütiger, aber verfressener Boxer.	
7	Beim Schlafen war Jolle nicht zu stoppen.	
8	Mutter hatte den Braten abgestellt und bereitete die Soße vor.	
9	Ganz langsam fraß Jolle den ganzen Braten auf.	
10	Die Mutter sah es ganz gelassen.	

KOHL VERLAG Der Leseprofi / Klasse 4 Intensives Training des sinnerfassenden Lesens – Bestell-Nr. 16 764

20 Jolle stiehlt den Braten

◆2. Lernschritt

➔ *Beantworte die folgenden Fragen zum Lesetext sinngemäß.*

➔ *Schreibe in vollständigen Sätzen.*

a) Für welches Ereignis wurden bei Familie Zimmermann viele Vorbereitungen getroffen?

b) Wo war die feierliche Messe?

c) Worüber unterhielt man sich nach der feierlichen Messe?

d) Was sollte es zum Mittagessen geben?

e) Wer war Jolle?

f) Wann war Jolle nicht zu stoppen?

g) Wie stahl Jolle den Braten?

h) Wie sahen die Gäste den „Diebstahl" des Bratens?

★Zusatzaufgaben

- *Erzählt von euren Erfahrungen mit Hunden.*
- *Schreibt Pläne für ein Festessen auf.*

21 Mein fitter Opa

Meine Mutter sagt immer: „Wie kann der in seinem Alter nur so viel Aktion machen, der ist doch schon 74." Sie meint damit meinen Opa, also ihren Vater. Ich bewundere ihn, er spielt mindestens zweimal in der Woche Tennis, der Freitagabend ist dem Basketball vorbehalten, er arbeitet noch in seiner alten Firma als Stand-by-Mitarbeiter und neuerdings schreibt er mehr oder weniger lustige Geschichten und Anekdoten für Jugendzeitschriften. Ich finde das super. Wenn ich viele andere Opas sehe, die, gestützt auf ihrem knorrigen Spazierstock, durch den Wald schleichen, bin ich richtig stolz auf ihn. Sportlich war er immer schon. In seiner Jugend hat er Handball gespielt, nicht wie heute in der Halle, sondern draußen auf den großen Sportplätzen. Er war rechter Verteidiger, stand auch schon mal im Tor. Einmal bekam er 28 Gegentore, das war's dann mit seiner Karriere als Torhüter. Dann wechselte er zum Basketball. Auch mit seiner ‚Größe' von nur 1,76 m ist er meistens sehr erfolgreich; er schießt von vorne rechts oder links und macht viele Punkte. Tennis hat er immer schon gespielt, vor einigen Jahren ist er mit seinem Team noch in die Oberliga aufgestiegen. Toll! Und da ihm die Arbeit auch immer noch Spaß macht, kann ich nur sagen: „Mach' weiter so, Opa!"

209 Wörter

▲1. Lernschritt

➔ *Lies die folgenden Sätze aufmerksam durch.*
➔ *Ist die Aussage inhaltlich richtig? Dann kreuze die Aussage an.*

(!) *Achtung: Du darfst jetzt nicht mehr im Text nachlesen!*

Knicke das Blatt entlang dieser Linie nach hinten.

		Richtig X
1	Meine Mutter wundert sich, wie fit der 84 Jahre alte Opa ist.	
2	Ich bewundere ihn, denn er spielt Tennis und Basketball.	
3	Er schreibt auch lustige Geschichten für die Seniorenzeitung.	
4	In seiner Jugend hat er Handball gespielt.	
5	Als er 90 Gegentore bekam, war seine Karriere am Ende.	
6	Mit seiner ‚Größe' von 1,76 m ist er leider wenig erfolgreich.	
7	Er schießt von vorne rechts und macht viele Punkte.	
8	Mit seinem Tennisteam ist er vor Jahren in die Oberliga aufgestiegen.	
9	Die Arbeit macht ihm aber keinen Spaß.	
10	Ich sage nur: „Mach' weiter so, Opa!"	

KOHL VERLAG Der Leseprofi / Klasse 4 Intensives Training des sinnerfassenden Lesens – Bestell-Nr. 16 764

21 Mein fitter Opa

◆2. Lernschritt

➔ *Beantworte die folgenden Fragen zum Lesetext sinngemäß.*

➔ *Schreibe in vollständigen Sätzen.*

a) Was sagt Mutter über ihren Vater?

____

b) Weshalb wird Opa so bewundert? ______________________________

____

c) Wo arbeitet er? ______________________________

____

d) Wann ist der Erzähler richtig stolz auf seinen Großvater? ______________

____

e) Welcher Sportart ging er nach? ______________________________

____

f) Wie groß ist der Opa? ______________________________

____

g) Welche Sportart ist aktuell? ______________________________

____

h) Was wünscht der Enkel seinem Opa? ______________________________

____

★Zusatzaufgaben

- *Welchen Freizeitbeschäftigungen gehen Menschen zwischen 60 und 80 Jahren nach? Zählt auf.*
- *Finde heraus, was ein Stand-by-Mitarbeiter ist. Schlage hierfür in einem Lexikon oder Wörterbuch nach.*

22 Schlangengift

Obwohl sie keine Arme und Beine haben, sind Schlangen sehr gute Jäger. Sie können kaum sehen und auch nicht hören. Wie kann das gehen? Sie schmecken und fühlen. Sie können die winzigsten Bodenerschütterungen wahrnehmen. Mit ihrer gespaltenen Zunge schmecken sie den Duft des Beutetieres und folgen ihm. Mit Wärmesensoren an den Lippen oder den Augen können Schlangen die Größe ihres Opfers „messen". Um die Beute zu lähmen helfen die Giftzähne und auch um die Mahlzeit zu verdauen. Schlangen kauen nicht, sondern verspeisen ihre Nahrung im Stück. Uns Menschen kann das Gift helfen. Es werden nämlich viele Medikamente daraus hergestellt. Zum Beispiel gegen Asthma, starke Schmerzen oder Gelenkentzündungen. Auf Schlangenfarmen leben die Tiere, die regelmäßig „gemolken" werden und deren Gift zu Medizin verarbeitet wird.

124 Wörter

▲1. Lernschritt

➔ *Lies die folgenden Sätze aufmerksam durch.*

➔ *Ist die Aussage inhaltlich richtig? Dann kreuze die Aussage an.*

(!) *Achtung: Du darfst jetzt nicht mehr im Text nachlesen!*

Knicke das Blatt entlang dieser Linie nach hinten.

Nr.	Aussage	Richtig X
1	Obwohl sie keine Hände und Füße haben, sind Schlangen gute Jäger.	
2	Sie können kaum sehen und auch nicht hören.	
3	Schlangen können schmecken und fühlen.	
4	Sie können nur grobe Bodenerschütterungen wahrnehmen.	
5	Sie schmecken den Duft der Beute mit der gespaltenen Zunge.	
6	Sie messen die Größe der Beute mit Wärmesensoren.	
7	Sie lähmen die Beute mit einem Holzhammer.	
8	Schlangen kauen nicht.	
9	Aus Schlangengift werden Medikamente hergestellt.	
10	In Schlangenfarmen werden die Tiere gemolken.	

KOHL VERLAG Der Leseprofi / Klasse 4 Intensives Training des sinnerfassenden Lesens – Bestell-Nr. 16 764

22 Schlangengift

◆2. Lernschritt

➔ *Beantworte die folgenden Fragen zum Lesetext sinngemäß.*

➔ *Schreibe in vollständigen Sätzen.*

a) Was können Schlangen kaum? ______________________________

____

b) Was nehmen Schlangen wahr? ______________________________

____

c) Was schmecken sie mit der Zunge? ______________________________

____

d) Wie messen Schlangen die Größe der Beute? ______________________________

____

e) Wobei helfen die Giftzähne? ______________________________

____

f) Wie verspeisen Schlangen ihre Beute? ______________________________

____

g) Wie kann Schlangengift den Menschen helfen? ______________________________

____

h) Wie gewinnt man auf Schlangenfarmen das Gift? ______________________________

____

★Zusatzaufgaben

- *Sprecht über die von den Menschen positiv oder negativ empfundenen Eigenschaften der Schlangen.*
- *Notiere, welche Krankheiten man mit Medikamenten aus Schlangengift heilen kann.*

23 Eulen

Man hat den Eindruck, dass man ihnen ins Gesicht sehen kann. Das ist auch nicht falsch. Denn Eulen und ihre Verwandten sind die einzigen Vögel, die ihre Augen nicht an der Seite des Kopfes haben. Denkt man sich den Schnabel als Nase, kann man sich ein Gesicht vorstellen. Die größte Eule, die in Deutschland lebt, ist der Uhu. Er kann eine Länge von 75 cm und eine Flügelspannweite von 170 cm erreichen. Die kleinste Eule ist der Sperlingskauz. Der Körper ist nur 19 cm lang und die Spannweite beträgt 38 cm. Die meisten Eulen jagen in der Dämmerung. Sie fressen Vögel, Frösche, kleine Säugetiere und manche sogar Fische.

Dass sie lautlos jagen, liegt an ihren „Zauberfedern". Die Spitzen der Federn sind so gezähnt wie eine Briefmarke. Das verhindert die Entstehung von Windgeräuschen. Federn helfen auch die Beute zu orten und jagen. Der „Gesichtsschleier", Federn im Eulengesicht, fangen alle Geräusche auf und leiten sie zu den Ohren. Eule, Uhu und Kauz sind bemerkenswerte Wesen!

164 Wörter

▲1. Lernschritt

➔ *Lies die folgenden Sätze aufmerksam durch.*

➔ *Ist die Aussage inhaltlich richtig? Dann kreuze die Aussage an.*

(!) *Achtung: Du darfst jetzt nicht mehr im Text nachlesen!*

Knicke das Blatt entlang dieser Linie nach hinten.

		Richtig X
1	Man hat den Eindruck, dass sie ein Gesicht haben.	
2	Eulen haben ihre Augen nicht an der Seite des Kopfes.	
3	Wenn man sich den Schnabel als Mund denkt, kann man sich ein Gesicht vorstellen.	
4	Der Uhu ist die größte Eule, die in Deutschland lebt.	
5	Die Flügelspannweite kann 250 cm erreichen.	
6	Der Sperlingskauz ist die größte Eule.	
7	Die meisten Eulen jagen am Tag.	
8	Beim Jagen machen sie viel Lärm.	
9	Sie haben „Zauberfedern", die wie Briefmarken gezähnt sind.	
10	Die „Gesichtsschleier" fangen Geräusche auf und leiten sie zu den Ohren.	

Der Leseprofi / Klasse 4
Intensives Training des sinnerfassenden Lesens – Bestell-Nr. 16 764
KOHL VERLAG

23 Eulen

◆2. Lernschritt

➔ *Beantworte die folgenden Fragen zum Lesetext sinngemäß.*

➔ *Schreibe in vollständigen Sätzen.*

a) Wo haben Eulen ihre Augen?

b) Welche Eule ist die größte in Deutschland?

c) Welche Flügelspannweite hat die Eule?

d) Wann jagen Eulen?

e) Was fressen sie?

f) Wie sind die „Zauberfedern" gebaut?

g) Welche Aufgaben hat der „Gesichtsschleier"?

h) Wer gehört zur Familie der Eulen?

★Zusatzaufgaben

- *Besprecht, weshalb Eulen gute Jäger sind.*
- *Schreibt kurze Steckbriefe zu den Eulenvögeln. Benutzt hierfür ein Tierlexikon oder recherchiert im Internet.*

24 Zungenkarte

Deine Zunge kann fünf Geschmacksrichtungen unterscheiden: süß, salzig, sauer, bitter und umami. Am Rand der Zunge sind etwa 3000 Geschmacksknospen verteilt. Jeder Bereich ist auf eine Geschmacksrichtung spezialisiert. Wie diese Geschmacksbereiche auf deiner Zunge verteilt sind, kannst du mit diesem Experiment feststellen: Du benötigst vier kleine Gläser; etwas Zucker, Salz, Kaffee und Essig; zwei Trinkhalme und etwas Brot. 1. Du füllst die vier Gläser mit Zuckerwasser, Kaffee, Salzwasser und Essig. 2. Nun teilst du die Trinkhalme in der Mitte, so erhältst du vier Pipetten, die du mit dem Finger verschließen kannst. 3. Jetzt lässt du auf jeden Zungenbereich einen Tropfen fallen. Nach jedem Versuch isst du etwas Brot, um den Geschmack zu neutralisieren. 4. Halte deine Ergebnisse in einer Zungenkarte fest. Trage mit einem Symbol ein, wo du den Geschmack der vier Substanzen am intensivsten geschmeckt hast.

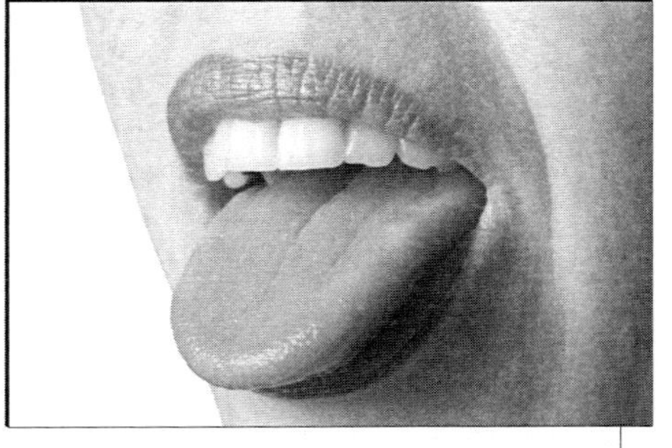

138 Wörter

▲1. Lernschritt

➔ *Lies die folgenden Sätze aufmerksam durch.*

➔ *Ist die Aussage inhaltlich richtig? Dann kreuze die Aussage an.*

(!) *Achtung: Du darfst jetzt nicht mehr im Text nachlesen!*

Knicke das Blatt entlang dieser Linie nach hinten.

		Richtig X
1	Deine Zunge kann nur drei Geschmacksrichtungen unterscheiden.	
2	Am Rand der Zunge sind 3000 Geschmacksknospen verteilt.	
3	Jeder Bereich der Zunge ist auf eine Geschmacksrichtung spezialisiert.	
4	Mit einem Experiment kann man die Verteilung feststellen.	
5	Du benötigst Zucker, Salz, Kaffee und Essig.	
6	Du füllst die Flüssigkeiten in Kannen.	
7	Die Trinkhalme werden in der Mitte durchgeschnitten.	
8	Auf jeden Zungenbereich lässt du einen Tropfen fallen.	
9	Mit Brot kann man den Geschmack nicht neutralisieren.	
10	Die Ergebnisse kannst du in einer Zungenkarte festhalten.	

KOHL VERLAG Der Leseprofi / Klasse 4 Intensives Training des sinnerfassenden Lesens – Bestell-Nr. 16 764

24 Zungenkarte

◆2. Lernschritt

➔ *Beantworte die folgenden Fragen zum Lesetext sinngemäß.*

➔ *Schreibe in vollständigen Sätzen.*

a) Welche Geschmacksrichtungen kann deine Zunge unterscheiden?

____

b) Was befindet sich am Rand der Zunge? ____________________

____

c) Wie kann man feststellen, wo die Geschmacksbereiche liegen?

____

d) Was benötigst du für das Experiment? ____________________

____

e) Was ist mit den Trinkhalmen zu tun? ____________________

____

f) Warum isst man Brot nach jedem Versuch? ____________________

____

g) Wie kann man die Ergebnisse festhalten? ____________________

____

h) Wie sieht eine Zungenkarte aus? ____________________

____

★Zusatzaufgaben

- *Führt den geschilderten Versuch aus.*
- *Fertige eine Liste an, in der du für alle vier Geschmacksrichtungen Beispiele findest.*

25 Wie Papyrusrollen entstehen

Aus der Papyruspflanze haben die alten Ägypter ihre Schriftrollen hergestellt, auf denen die Schreiber des Pharaos ihre Notizen festhielten. Aber wie wurde eine Papyrusrolle hergestellt? Hier ist eine Beschreibung, wie die Herstellung von Papyrusrollen funktionierte.

Zunächst wurde die harte Haut von der Papyruspflanze geschält. Das weiße, schwammige und klebrige Mark wurde in lange dünne Streifen geschnitten. Die Streifen wurden dann auf einen mit einem Tuch bedeckten Stein auf eine Breite von 20 bis 40 cm dicht nebeneinandergelegt. Eine zweite Schicht Streifen wurde quer über die erste gelegt. Die Streifenlagen wurden mit einem Tuch abgedeckt. Anschließend wurden die beiden Streifenschichten gehämmert, damit der klebrige Saft die Streifen miteinander verband. Die Papyrusstreifen mussten unter dem Tuch trocknen, um so ein lückenloses Blatt zu ergeben. Zum Schluss wurden noch die Ränder geschnitten und das Blatt zum Glätten mit einem Stein abgerieben.

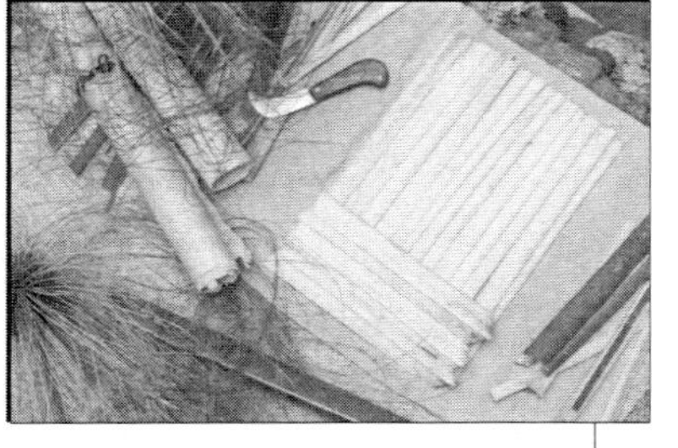

138 Wörter

▲1. Lernschritt

➔ *Lies die folgenden Sätze aufmerksam durch.*

➔ *Ist die Aussage inhaltlich richtig? Dann kreuze die Aussage an.*

(!) *<u>Achtung</u>: Du darfst jetzt nicht mehr im Text nachlesen!*

Knicke das Blatt entlang dieser Linie nach hinten.

		Richtig X
1	Aus der Papierpflanze haben die Ägypter Papiertüten hergestellt.	
2	Der Pharao hielt damals Notizen über seine Schreiber auf Papyrus fest.	
3	Im Text wird erklärt, wie die Herstellung von Papyrusrollen verlief.	
4	Zunächst wurde die harte Haut von der Papyruspflanze geschält.	
5	Das weiße, schwammige, klebrige Mark wurde in Quadrate geschnitten.	
6	Die Streifen wurden auf einen mit Tuch bedeckten Stein gelegt.	
7	Eine zweite Schicht Streifen wurde quer über die erste gelegt.	
8	Die Streifenschichten wurden gestrichen, damit der klebrige Saft sich überall verteilte und sich gelb verfärbte.	
9	Die Papyrusstreifen mussten unter dem Tuch trocknen.	
10	Zum Schluss wurden noch die Ränder geschnitten und das Blatt zum Glätten mit einem Stein abgerieben.	

KOHL VERLAG Der Leseprofi / Klasse 4 Intensives Training des sinnerfassenden Lesens – Bestell-Nr. 16 764

25 Wie Papyrusrollen entstehen

◆2. Lernschritt

➔ *Beantworte die folgenden Fragen zum Lesetext sinngemäß.*

➔ *Schreibe in vollständigen Sätzen.*

a) Woraus haben die Ägypter ihre Schriftrollen hergestellt?

✎ ____

b) Wer nutzte diese Schriftrollen vorwiegend? ____________________

____

c) Was wurde zur Herstellung von Papyrusrollen als Erstes getan?

____

d) Was geschah dann mit dem Mark? ____________________

____

e) In welchem Abstand wurden die Streifen dann auf einen mit Tuch bedeckten Stein gelegt?

____

____

f) Welcher Arbeitsschritt folgte anschließend? ____________________

____

g) Warum wurden die beiden Streifenlagen gehämmert? ____________________

____

h) Welche Arbeitsschritte fehlten noch nach dem Trocknen der Streifen?

____

____

26 Das Tierheim

Zum Glück gibt es Tierheime, sonst hätten viele arme Tiere gar kein Zuhause mehr. Im Tierheim leben Tiere, deren Besitzer ihre Tiere nicht mehr behalten können oder wollen. Es gibt verschiedene Gründe, warum Tiere dorthin gebracht werden. Manchmal ist es ein Umzug, Geldnot oder Menschen sind zu alt, um sich weiter um das Tier zu kümmern. Aber leider werden besonders in der Ferienzeit Tiere wie Katzen oder Hunde einfach auf Parkplätzen zurückgelassen. Diese Tiere landen dann, wenn sie Glück haben, auch im Tierheim. Ein solches Heim hat viele Bewohner. Zu den Katzen und Hunden gesellen sich auch Hasen, Kaninchen, Hamster, Papageien, Hühner oder sogar Schildkröten. Das kostet natürlich viel Geld. Deswegen sind Tierheime auf Spenden angewiesen. Solltest du dir mal einen Hund oder eine Katze wünschen, besuche doch ein Tierheim. Tiere sind meistens überglücklich, wenn sie wieder ein richtiges Zuhause geschenkt bekommen.

142 Wörter

▲1. Lernschritt

➔ *Lies die folgenden Sätze aufmerksam durch.*

➔ *Ist die Aussage inhaltlich richtig? Dann kreuze die Aussage an.*

(!) *Achtung: Du darfst jetzt nicht mehr im Text nachlesen!*

Knicke das Blatt entlang dieser Linie nach hinten.

		Richtig X
1	Manche Tiere möchten lieber im Tierheim leben.	
2	Im Tierheim leben Tiere, deren Besitzer ihre Tiere nicht mehr halten können.	
3	Aber auch von ihren Besitzern ausgesetzte Tiere landen im Tierheim.	
4	Tierheime nehmen keine Tiere wegen Umzug oder Geldnot an.	
5	Besonders in der Weihnachtszeit werden Tiere auf Parkplätzen zurückgelassen.	
6	In Tierheimen leben viele verschiedene Tierarten.	
7	Dort findet man Katzen, Hunde, Hasen, Kaninchen und sogar Schildkröten.	
8	Tierheime werden von der Kirche finanziert.	
9	Tierheime sind auf Spenden angewiesen.	
10	Tiere sind oft gar nicht glücklich, wenn sie das Tierheim verlassen müssen.	

Der Leseprofi / Klasse 4
Intensives Training des sinnerfassenden Lesens – Bestell-Nr. 16 764
KOHL VERLAG

26 Das Tierheim

◆2. Lernschritt

➔ *Beantworte die folgenden Fragen zum Lesetext sinngemäß.*

➔ *Schreibe in vollständigen Sätzen.*

a) Warum kommen Tiere meistens ins Tierheim?

b) Welche typischen Gründe gibt es für die Abgabe eines Tieres?

c) Was geschieht leider besonders in der Ferienzeit?

d) Was geschieht mit diesen Tieren dann?

e) Welche Tiere leben in einem Tierheim?

f) Worauf sind Tierheime wegen der Kosten dringend angewiesen?

g) Wie reagieren Tiere, wenn ein neuer Besitzer sich für sie entscheidet?

27 Die Jugendfeuerwehr

Die Jugendfeuerwehr ist Bestandteil der Freiwilligen Feuerwehr. Die Jungen und Mädchen lernen spielerisch viele Dinge, die beim Einsatz der Feuerwehr später dann gebraucht werden. Hierzu gehören Löschdienst, Fahrzeug- und Gerätekunde, taktisches Verständnis, Grundlagen des Löschangriffs, Schläuche verlegen, Befehle erkennen, Erste Hilfe und auch Umweltschutz.
Wenn die jungen Nachwuchskräfte alles gelernt haben und anwenden können, erhalten sie das Jugendleistungsabzeichen. Später können sie noch die Prüfung zur Deutschen Jugendleistungsspange ablegen. Ab diesem Zeitpunkt dürfen sie bei Einsätzen mitfahren und erste Aufgaben im Einsatzdienst übernehmen.
Das Einstiegsalter bei der Jugendfeuerwehr ist unterschiedlich. Meist beginnt es mit 10, manchmal aber auch erst mit 14 oder 16 Jahren. Die Vollendung des 18. Lebensjahres beendet die Mitgliedschaft. Neben allem was mit Feuerwehr zu tun hat, wird viel Wert auf Spaß und Freizeitgestaltung gelegt. Es wird gemeinsam gebacken, gespielt, Zeltlager veranstaltet und vieles mehr.

137 Wörter

▲1. Lernschritt

➔ *Lies die folgenden Sätze aufmerksam durch.*
➔ *Ist die Aussage inhaltlich richtig? Dann kreuze die Aussage an.*

(!) *Achtung: Du darfst jetzt nicht mehr im Text nachlesen!*

Knicke das Blatt entlang dieser Linie nach hinten.

		Richtig X
1	Die Jugendfeuerwehr ist Bestandteil der Freiwilligen Feuerwehr.	
2	Die Jungen und Mädchen lernen spielerisch, was bei späteren Einsätzen der Feuerwehr beherrscht werden muss.	
3	Hierzu gehören unter anderem Gerätekunde oder auch Umweltschutz.	
4	Wenn die Nachwuchskräfte was gelernt haben, bekommen sie Geld.	
5	Später können sie noch das Polizeianerkennungszeichen erwerben.	
6	Das Einstiegsalter bei der Jugendfeuerwehr liegt immer bei 6 Jahren.	
7	Manche steigen erst mit 14 oder 16 bei der Jugendfeuerwehr ein.	
8	Die Vollendung des 18. Lebensjahres beendet die Mitgliedschaft.	
9	Es wird kaum Wert auf Spaß und Freizeitgestaltung gelegt.	
10	Es werden viele gemeinsame Dinge gemacht, zum Beispiel ein Zeltlager.	

Der Leseprofi / Klasse 4 Intensives Training des sinnerfassenden Lesens – Bestell-Nr. 16 764
KOHL VERLAG

27 Die Jugendfeuerwehr

◆2. Lernschritt

➔ *Beantworte die folgenden Fragen zum Lesetext sinngemäß.*

➔ *Schreibe in vollständigen Sätzen.*

a) Wozu gehört die Jugendfeuerwehr?

b) Auf welche Weise lernen die Jungen und Mädchen viele Dinge?

c) Welche Tätigkeiten lernt der Nachwuchs? Zähle mindestens vier Dinge auf.

d) Was erhalten die jungen Nachwuchskräfte, wenn sie alles gelernt haben?

e) Welche zusätzliche Prüfung kann später noch abgelegt werden?

f) Wie ist das Einstiegsalter bei der Jugendfeuerwehr?

g) Was geschieht mit dem 18. Lebensjahr?

h) Worauf wird bei der Jugendfeuerwehr auch viel Wert gelegt?

28 Die Lösungen

Richtig X

	1	2	3	4	5	6	7	8	9	10
1			X	X				X	X	X
2		X			X		X		X	
3		X	X		X	X		X	X	
4				X		X			X	X
5	X			X	X		X			
6		X	X		X	X		X	X	
7		X		X		X			X	
8			X	X			X			X
9			X		X	X				X
10		X		X	X		X		X	X
11				X	X	X		X	X	
12				X		X	X			X
13			X	X		X		X	X	X
14	X	X		X			X	X	X	
15		X		X	X			X	X	
16	X	X		X	X			X	X	
17		X			X	X		X	X	
18		X	X	X		X	X	X		
19			X	X		X		X		X
20					X	X		X		
21		X		X			X	X		X
22	X	X	X		X	X		X	X	X
23	X	X		X					X	X
24		X	X	X	X		X	X		X
25			X	X		X	X		X	X
26		X	X			X	X		X	
27	X	X	X				X	X		X

KOHL VERLAG
Der Leseprofi / Klasse 4
Intensives Training des sinnerfassenden Lesens – Bestell-Nr. 16 764

Die Lösungen

1 a) Ihr gefallen die schönen Strände, das Meer, Soft-Eis und Minigolf. b) Sie macht Urlaub auf Fyn. c) Sie nimmt ihre Freundin Lena mit. d) Sie schlafen in Schlafsäcken in ihren Zelten. e) Man muss Wasser holen, kochen, abwaschen und das Zelt aufräumen. f) Sie verdrückte sich auf die Toilette. g) Katrin ist wütend auf ihre Freundin. h) Sie kennt es, denn ihre Schwester ist sehr hilfsbereit.

2 a) Die Mutter ist Putzfrau und der Vater ist arbeitslos. b) Sie haben wenig Geld und leben in einer kleinen Wohnung. c) Sie teilt es mit ihren kleinen Schwestern. d) Sie kann sich gut mit ihnen verständigen und freut sich über sie. e) Sie findet es zu ärmlich. f) Es ist ihnen schon aufgefallen. g) „Wenn sich Inna schämt, dann spielt doch draußen." h) Es kommt darauf an, eine gute Spielidee zu haben.

3 a) Eugen ärgert sie ständig. b) Sie bekommt es gar nicht mit. c) Sie wird stiller und ist bedrückt. d) Sie wollen helfen, wissen aber nicht, wie. e) Er hat alle Jungen auf seiner Seite. f) Er geht so heimlich vor, dass es immer schon passiert ist, bevor Inna etwas merkt. g) Sie hat die Idee, Frau Kramer einen Brief in den Postkasten zu legen. h) Er wird im Klassenrat besprochen.

4 a) Die Klasse 4a macht einen Ausflug in die Sanddünen. b) Das Elbeurstromtal hat viel Sand geführt. c) Sie machen einen Sandburgenwettbewerb. d) Sie schuften Stunden mit Schaufeln im Sand. e) Innas Team gewinnt. f) Die Flut holt sich am Abend die Burgen. g) Die Eltern hatten einen Grill und viele Leckereien mitgebracht. h) Sie schlafen auf der Sitzbank ein.

5 a) Sie übernachten in der Schule und werden nach dem Frühstück abgeholt. b) Jeder hat einen Schlafsack, eine Matte und ein Buch. c) Sie liest eine Gruselgeschichte vor. d) Inna und Corinna haben die Betten zusammengeschoben. Die Jungen schlafen im Nebenzimmer. e) Sie erzählen lange und machen Quatsch. f) Ihnen ist bange gewesen. g) Sie hört ein lautes Heulen. h) Sie stürmen ins Zimmer, brüllen und fuchteln mit den Taschenlampen.

6 a) Sie begann mit 7 Jahren als Page. b) Er lernte reiten, schwimmen, Bogen schießen, Faustkampf und Vogelfallen aufstellen. c) Sein Vater, Brüder oder ein Erzieher konnten Lehrer sein. d) Er war 14 Jahre alt. e) Fürstenhöfe waren beliebt, denn dort konnte man Adlige auf sich aufmerksam machen. f) Kämpfe mit Lanze, Schwert, Streitaxt und Streitkolben wurden geübt. g) Er lernte gute Manieren, tanzen und Brettspiele. h) Man sollte sich benehmen und nicht ins Tischtuch schnäuzen.

7 a) Er hat ein Floß gebaut. b) Es hat zwei Auftriebskörper. c) Sie haben das silberne Schwimmabzeichen. d) Sie üben kentern. e) Sie bringen es ins Schwanken. f) Es versammeln sich erschrockene Menschen. g) Sie wissen nicht, dass die Kinder gute Schwimmer sind. h) Er fällt ins Wasser.

8 a) Die Sonneninseln liegen in den Tropen. b) Sie sind von warmem und klarem Wasser umgeben. c) Es wachsen vielfarbige Blumen und zuckersüße Früchte. d) Es wachsen Korallen und Muscheln. e) Unter Wasser sind Vulkane ausgebrochen. f) Die Familien bauen ihre Hütten selbst. g) Die Blätter der Bananenstaude werden zu Wänden zusammengeflochten. h) Die Zweige der Kokospalme bilden das Dach.

9 a) Es duftet exotisch. b) Fischer und Bauern bringen die Ware. c) Es gibt die, die du aus dem Supermarkt kennst. d) Sie sind länger gereift und schmecken köstlicher. e) Sie werden als Gemüse verkocht. f) Sie sitzt inmitten von Pfeffer- und Paprikabergen. g) Sie bietet Zimtstangen und Vanille an. h) Es gibt keine Preisschilder.

10 a) Der große Wagen ist am berühmtesten. b) Es heißt auch Bär. c) Es erzählt von Zeus und Kallisto. d) Zeus, der Göttervater, verliebte sich in sie. e) Er hieß Arkas und wurde ein guter Jäger. f) Sie raste vor Wut und verwandelte Kallisto in eine Bärin. g) Er hätte fast auf seine Mutter geschossen. h) Er verwandelte sie in den großen und kleinen Bären am Sternenhimmel.

11 a) Er spielt am Nachmittag. b) Es ist ungewiss, ob er ein guter Fußballer wird. c) Er ist nicht so schnell. d) Sie finden, dass er ein richtig guter Kumpel ist. e) Er ist sehr hilfsbereit. f) Sie sind sauer, als sie ein Gespräch belauschen. g) Der Trainer meint, er könne ein guter Fußballer werden, wenn ihm nicht die Beine im Weg wären. h) Sie überlegen, wie sie dem Trainer eins auswischen können.

12 a) Er ist auf einer Entdeckungsreise durch Schottland. b) Er interessiert sich für Sagengestalten, die sich in Seen aufhalten. c) Ein echtes Schlossgespenst könnte ihn reizen. d) Er hat sich auch in mehreren Schlössern noch nicht gegruselt. e) Sie hat mächtige Mauern, hinter deren Zinnen etwas huscht. f) Er berichtet von einem mysteriösen Mordfall vor 300 Jahren. g) Er fragt nach einem Schlossgespenst. h) Er sagt, er lebe schon 300 Jahre dort.

Die Lösungen

13 a) In einem Holzhaus in den Bergen macht sie Ferien. b) Mit den ersten Sonnenstrahlen eilt sie auf den Balkon. c) Sie können jeden stillen Moment zerstören. d) Sie lauscht dem Gemurmel des Baches und hört ein Summen. e) Eine Wespe hat sie in den Fuß gestochen. f) Sie beobachtet das rege Treiben in der Einflugschneise. g) Sie fliegen in ein Loch über der Lampe. h) Sie stellen aus Holzresten einen Papierbrei her, aus dem sie bläschenförmige Waben machen.

14 a) Zu den großen Katzen. b) Der Lebensraum ist der dichte Urwald. c) Er ist durch sein getigertes Fellmuster perfekt getarnt. d) Es werden die kühlen Tageszeiten bevorzugt. e) Vom Wildschwein des Urwaldes bis zum Büffel jagen Tiger die verschiedensten Beutetiere. Wenn das Futter knapper wird, fressen sie auch Eidechsen, Frösche und sogar Krokodile. f) Ein voll ausgewachsener Tiger frisst zu einer Mahlzeit bis zu 27 Kilogramm Fleisch. g) Ein Beutetier wie das Wildschwein wird im Sprung von vorn angegriffen. Dabei packen die Vorderpranken den Hals des Tieres und reißen es zu Boden.

15 a) Sie sind mit den Mongolen verwandt. b) Sie leben im hohen Norden Amerikas, Asiens und Grönlands. c) Sie essen ihn meist roh. d) Im rohen Fisch sind Vitamine. e) Es bedeutet „Menschen". f) Sie mussten sich an extreme Kälte anpassen. g) Sie werden aus Schnee und Eis hergestellt. h) Die Körperwärme heizt das Iglu auf 15 °C auf.

16 a) Zwei Drittel sind Wasser und ein Drittel ist Land. b) Der Atlantische, Pazifische und Indische Ozean sind die größten Meere. c) Das Rote Meer zwischen Afrika und Arabien ist das wärmste Meer. d) Salzwasser hat einen Gehalt von 3,5 %. e) Man kann es nicht trinken oder die Felder bewässern. f) Wale, Delfine, Fische, Tiefseefische und Riesenkraken leben im Meer. g) In der Nähe der Meeresoberfläche. h) Sie leben in der Tiefsee in bis zu 9000 Meter Tiefe.

17 a) Er hatte sich mit Rebhühnern eingeschmeichelt. b) Ihm fehlten vornehme Kleider. c) Die Gelegenheit kam, als König und Prinzessin eine Ausfahrt machten. d) Er konnte keine Würfelpartie spielen. e) Er sollte sich ausziehen und ins Wasser springen. f) Er erfand, dass ein Dieb die Kleider gestohlen habe. g) Er ließ prächtige Kleider holen. h) Er hatte sie im Namen des Grafen von Carrabas bekommen.

18 a) Er war jung und schön. b) Sie sollten sagen, dass die Felder dem Grafen von Carrabas gehörten. c) Er drohte ihnen mit dem Tod. d) Sie gehörten einem gefürchteten Zauberer. e) Er wetteiferte mit dem Zauberer. f) Er behauptete, der Zauberer könne sich nicht in eine Maus verwandeln. g) Er verwandelte sich in eine Maus. h) Als Maus verwandelt, wurde der Zauberer von der Maus gefressen.

19 a) Die Mutter löscht mit der Löschdecke. b) Man deckt das Feuer zu, dass es erstickt. c) Sie hat mit Umsicht gehandelt. d) Man wählt den Notruf, wenn ein Feuer zu groß ist, um es allein zu löschen. e) Man nennt Namen und Adresse. Dann erzählt man zügig, was passiert ist. f) Du bringst dich in Sicherheit und verlässt den brennenden Raum. g) Du öffnest ein Fenster und die Feuerwehr rettet dich mit der Leiter. h) Er könnte bei einem Stromausfall steckenbleiben.

20 a) Für den Weißen Sonntag. b) Die Messe war in der St. Ambrosius-Kirche in Koblenz. c) Man unterhielt sich über Familienereignisse und alles, was erzählenswert schien. d) Es gab köstlichen Braten und verschiedene Gemüsesorten. e) Er war ein gutmütiger, aber verfressener Boxer. f) Er war nicht zu stoppen, wenn etwas zu essen in seiner Nähe stand. g) Er war blitzschnell weg und bald so angefressen, dass er nicht mehr zu gebrauchen war. h) Sie sahen es gelassen.

21 a) „Wie kann der nur so viel machen?" b) Er spielt zweimal in der Woche Tennis und am Freitag Basketball. c) Er ist in seiner Firma Stand-by-Mitarbeiter. d) Er ist stolz, wenn er Opas sieht, die, sich auf Stöcken abstützend, durch den Wald schleichen. e) Er spielte Handball und Basketball. f) Opa ist nur 1,76 m groß. g) Er spielt Tennis in der Oberliga. h) „Mach' weiter so", sagt er ihm.

22 a) Sie können kaum sehen und hören. b) Sie nehmen winzige Bodenerschütterungen wahr. c) Sie schmecken den Duft der Beute. d) Sie messen mit den Wärmesensoren an den Lippen und Augen. e) Sie lähmen die Beute und helfen, sie zu verdauen. f) Sie verspeisen die Beute am Stück. g) Aus Gift werden Medikamente hergestellt. h) Die Schlangen werden gemolken.

23 a) Sie haben die Augen nicht an der Seite. b) Der Uhu ist die größte Eule in Deutschland. c) Die Flügelspannweite beträgt 170 cm. d) Sie jagen in der Dämmerung. e) Sie fressen Vögel, Frösche, kleine Säugetiere und Fische. f) Sie sind gezähnt wie eine Briefmarke und verhindern die Entstehung von Windgeräuschen. g) Er fängt Geräusche auf und leitet sie weiter. h) Eule, Uhu und Kauz gehören zu einer Tierfamilie.

24 a) Sie unterscheidet süß, salzig, sauer und bitter. b) Dort befinden sich 3000 Geschmacksknospen. c) Mit einem Experiment kann man die Verteilung herausfinden. d) Du benötigst 4 Gläser mit Zuckerwasser, Kaffee, Salzwasser und Essig. e) Man schneidet sie durch und erhält 4 Pipetten. f) Brot neutralisiert den Geschmack. g) Man trägt sie in eine Zungenkarte ein. h) Für jeden Geschmack wird ein Symbol eingetragen.

KOHL VERLAG Der Leseprofi / Klasse 4 Intensives Training des sinnerfassenden Lesens – Bestell-Nr. 16 764

28 Die Lösungen

25 a) Die Schriftrollen wurden aus der Papyruspflanze hergestellt. b) Die Schreiber des Pharaos hielten darauf ihre Notizen fest. c) Zunächst wurde die harte Haut von der Papyruspflanze geschält. d) Das weiße, schwammige und klebrige Mark wurde in lange dünne Streifen geschnitten. e) Die Streifen wurden auf eine Breite von 20 bis 40 cm dicht nebeneinandergelegt. f) Eine zweite Schicht Streifen wurden quer über die erste gelegt. g) Der klebrige Saft sollte so die Streifen miteinander verbinden. h) Zum Schluss wurden noch die Ränder geschnitten und das Blatt zum Glätten mit einem Stein abgerieben.

26 a) Ins Tierheim kommen Tiere, deren Besitzer ihre Tiere nicht mehr behalten können oder wollen. b) Typische Gründe sind ein Umzug, Geldnot oder Menschen, die zu alt sind, um sich weiter um ein Tier zu kümmern. c) In der Ferienzeit werden Tiere wie Katzen oder Hunde ganz oft einfach an Parkplätzen zurückgelassen. d) Diese Tiere landen dann, wenn sie Glück haben, auch im Tierheim. e) Im Tierheim leben Katzen, Hunde, Hasen, Kaninchen, Hamster, Papageien, Hühner oder sogar Schildkröten. f) Tierheime sind auf Spenden angewiesen. g) Sie sind meistens überglücklich, wenn sie wieder ein richtiges Zuhause geschenkt bekommen.

27 a) Die Jugendfeuerwehr ist Bestandteil der Freiwilligen Feuerwehr. b) Die Jungen und Mädchen lernen viele Dinge spielerisch. c) Zu den Tätigkeiten gehören Löschdienst, Fahrzeug- und Gerätekunde, taktisches Verständnis, Grundlagen des Löschangriffs, Schläuche verlegen, Befehle erkennen, Erste Hilfe und auch Umweltschutz. d) Sie erhalten das Jugendleistungsabzeichen. e) Es kann noch die Prüfung zur Deutschen Jugendleistungsspange abgelegt werden. f) Das Einstiegsalter bei der Jugendfeuerwehr ist unterschiedlich, meistens beginnt es mit 10 Jahren, manchmal auch erst mit 14 oder 16 Jahren. g) Die Vollendung des 18. Lebensjahres beendet die Mitgliedschaft. h) Es wird auch viel Wert auf Spaß und Freizeitgestaltung gelegt.